끌리는
유튜브
성공법칙

끌리는 유튜브 성공법칙

사람의
마음을 사로잡는
콘텐츠
비밀을 풀다

선우의성 지음

BOOK
AGIT

추천의 글

제한된 정보 속에서 의욕 하나로 유튜브를 시작했던 저에게 이 책은 유튜버로서 필요한 경험과 꿀팁, 중요한 정보 등 많은 걸 알려주는 길라잡이가 되어주었습니다. 의욕 넘치는 유튜버 꿈나무분들에게 이 책을 강력 추천합니다!

— 〈권율 KWON YUL〉, 배우 권율

이 책은 크리에이터들이 스스로 어떻게 성장했는지 보여줍니다. 앞서가는 크리에이터들의 경험담으로부터 영감을 얻고 싶은 분들에게 이 책을 추천하고 싶습니다.

— 〈주연 ZUYONI〉, 주연

유튜브 크리에이터 수가 폭발적으로 증가하고 있습니다. 그러나 유튜브는 레드오션이 아닙니다. 새로운 트렌드가 크리에이터에 의해 끝없이 만들어지기 때문입니다. 이 책은 크리에이터가 유튜브 트렌드를 이해하며 성장할 수 있도록 유튜브 현장을 현미경처럼 분석합니다.

―강정수, 전 청와대 디지털소통센터장, 현 The Core 미디어 편집인

이 책은 저자가 직접 많은 유튜버를 찾아가 시간과 공을 들여 인터뷰했습니다. 그들의 생생한 이야기가 이 책에 담겨 있습니다. 유튜버가 되고 싶었지만 어떻게 시작해야 할지 몰랐던 분, 유튜버들의 비하인드 스토리가 궁금했던 분에게 이 책을 추천합니다. 저희 채널에 대한 인터뷰도 담겨 있으니 재밌게 봐주세요.

― 〈슬램덕후〉, 개그맨 송준근, 정범균

유튜브 영상 기획, 채널 운영까지 유튜브에 대한 모든 것을 알고 싶다면 꼭 이 책을 읽어보시기 바랍니다.

― 〈광자빌런〉, 정광자

팍스 유튜브 시대에 많은 사람이 알고 싶어 하지만 저자처럼 이렇게 깊이 있게 알아본 사람은 적습니다. 현시대를 좇지만 구시대의 방법으로, 발로 뛰어 알아낸 유튜브에 관한 모든 것이 이 책에 있습니다.

— 〈Arirang은 고양이들 내가 주인〉, 남기형

맡은 분야 진정 전문가라면 스스로 인플루언서가 되어야 하는 1인 미디어 전성시대, 준비된 분들에게 이 책은 지혜와 통찰을 채워줄 것.

— 〈희대의 NOW 구독중〉, 이희대 칼럼니스트(광운대 OTT미디어전공 교수, 만개의 레시피 전략본부장)

직접 발로 뛰어 만난 유튜버들에게 직접들은 노하우가 이 책 한 권에 담겨 있습니다. 유튜버를 꿈꾸고 크리에이터의 삶에 관심이 있으신 분이라면 이 책을 일독할 것을 권합니다.

— 〈성장읽기〉, 〈너와 나의 은퇴학교〉 이권복

유튜브라는 플랫폼은 하나지만 이를 활용하는 전략은 분야마다 다릅니다. 나만 고군분투하는 줄 알았는데 이 책을 보니 다양한 분야에 '동지'들이 있었네요. '포스트 유튜브'를 대비하기 위해서라도 유튜브 시대를 살아낸 우리의 기록은 필요할 겁니다. 생생한 생존기가 이 책에 담겼습니다.

– SBS 기자 박수진

길다면 길고 짧다면 짧았던 성우 생활 10년이 지날 때, 이런 걸 하면 재미있겠다고 생각해 직접 했던 것들. 그 경험을 조금이나마 알려드릴 수 있게 되어 영광입니다! 성우 지망생이나 크리에이터에 관심이 있는 분들이 이 책을 꼭 보시면 좋은 정보 얻을 것입니다.

– 〈혜성 특급〉, 성우 김혜성

유튜브 입문자에게는 경험에서 우러나온 꿀팁을, 현직 유튜브 크리에이터에게는 초심을 되살려주는 책!

– 〈KOREA NOW〉, 기자 제시카

유튜브 영상 기획에 관한 크리에이터들의 생생한 경험담과 편집과 촬영, 법적 문제에 관한 유익한 정보를 얻을 수 있는 책입니다.

– 변호사 하희봉

프롤로그

"이 책을 통해 치열한 유튜브 세상 속에서 '나만의 뾰족한 무기' 를 갖게 되기를 희망합니다." 우리는 유튜브를 통해 '누구나 인플루언서가 될 수 있는 세상'에서 살고 있습니다. 과거에 영향력 있는 인플루언서가 되기 위해서는 필수적으로 방송국, 잡지, 신문 등 매스 미디어를 거쳐야만 했습니다. 하지만 이제 내 손안의 스마트폰만으로도 충분히 사랑받는 영상 콘텐츠를 제작하고 유튜브라는 플랫폼을 통해 사람들에게 선보일 수 있는 세상이 되었습니다. 그러나 '누구나' 콘텐츠를 선보이는 세상이 되면서, '모두'가 높은 영향력을 지닌 인플루언서가 되기 어려운 세상이 되었습니다. 그만큼 경쟁이 치열해졌기 때문입니다.

유튜브 세상에 뛰어든 모든 크리에이터가 높은 조회 수를 얻고,

많은 구독자를 모으기를 희망합니다. 하지만 빠르게 변화하고, 동시에 치열한 경쟁이 만연한 유튜브 세상 속에서 지속적인 사랑을 받는 것은 쉽지 않습니다. 제가 다양한 유튜브 전문가들을 만나 '어떻게 하면 사랑받는 채널을 운영하는 인플루언서가 될 수 있는지' 질문을 던졌던 이유입니다. 유튜브 크리에이터를 꿈꾸는 많은 사람이 굳이 가지 않아도 되는 실패의 길을 피해가도록, 성공 가능성이 높은 길을 걸어가도록 도움을 주고 싶었기 때문입니다.

그래서 이 책은 유튜버, 유튜브 PD, 언론사 유튜브 기자, 교수, 변호사 등 전문가 12명을 만나 인터뷰를 하고 그 내용을 정리했습니다. 기획, 편집, 채널 운영, 저작권 등 전반적인 내용을 담아 초보자들도 유튜브 세상을 쉽게 이해하도록 구성했습니다.

이 책의 1장은 '유튜브 한눈에 살펴보기'입니다. 이희대 교수와의 인터뷰를 통해 왜 유튜브가 대세인지, 유튜브 미래는 어떻게 될지 등 유튜브의 전반적인 내용을 쉽게 이해하도록 정리했습니다. 2장은 유튜버, 유튜브 PD, 언론사 유튜브 기자 등 채널에서 직접 콘텐츠를 기획하고 제작하는 전문가 9명을 인터뷰한 내용입니다. IT, 스포츠, 동물, 언론사, 개그 등 여러 분야 채널이 어떻게 사랑받는 영상 콘텐츠를 기획하는지를 이야기합니다.

3장은 크리에이터로 살아가기 위해 알아야 하는 촬영과 편집, 채널 운영, 수익 창출, 저작적과 관련된 필수적인 내용을 담았습니다. 실제 유튜브 채널을 운영하다 보면 단순히 영상을 기획하고 제작하는 것 외에 챙겨야 할 사항이 많습니다. 섬네일과 제목, 태그를 고민하고 구독자와 소통하고 저작권을 지켜가면서 수익을 창출해 나가는 등 함께 챙겨야 합니다.

누구나 읽어도 쉽게 이해하는 유튜브 책을 목표로 이 책을 기획하고 집필했습니다. 이 책을 통해 치열한 유튜브 세상 속에서도 '나만의 뾰족한 무기'를 갖추기를 기원합니다. 치열함 속에서도 언제나 기회는 있습니다. 모든 분이 그 기회를 잡고, 자신이 원하는 꿈을 마음껏 펼쳤으면 좋겠습니다. 이 책을 집필하는 데 도움을 준 12명의 유튜브 전문가들, 사랑하는 나의 가족, 그리고 여자 친구에게 무한한 고마움을 전합니다.

CHAPTER 3 유튜브 크리에이터로 살아가기

CHAPTER 1

유튜브
한눈에
살펴보기

〈희대의 NOW 구독중〉, 이희대 칼럼니스트(광운대 OTT미디어전공 교수, 만개의 레시피 전략본부장)

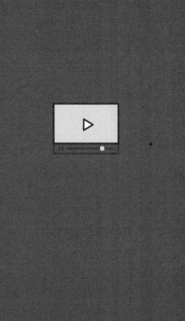

1

왜 유튜브가 대세인가?

노벨 경제학상을 받은 제임스 토빈은 "인간은 인센티브(경제적 유인)에 반응한다"라고 이야기했습니다. 그 예로 백 원 동전에 대형 마트의 쇼핑 카트가 제자리로 돌아가는 것과 리터당 백 원의 종량제 봉투가 쓰레기 배출량 감소에 크게 기여하는 것이 대표적입니다. 이렇듯 사람들은 자신의 이익에 더 도움이 되는 방향을 선택합니다.

우리에게 너무도 익숙하고 당연하게만 여겨졌던 매스컴**mass communication** 중심의 미디어 환경은 개인 방송과 유튜브와 같이 1인 미디어라는 새로운 환경으로 바뀌고 있습니다. 이러한 현재 상황을 이해하는 데 미디어 환경을 구성하는 사람들이 어떻게 이익을 추구하는지 살펴보는 것은 큰 도움이 될 것입니다.

먼저 이용자 측면의 이익입니다. 1인 미디어는 스마트폰의 대중화로 큰 발전을 이루었습니다. 편리한 휴대성은 기본이고, 앱 중심의 간편한 UI(유저 인터페이스), 5G 등 높은 전송 품질과 경제적인 요금제 도입 등 손안의 작은 기기가 보여주는 파급효과는 엄청납니다. 기존의 TV와 신문이 갖고 있던 것들을 압도하는 수준이 된 것이죠. 소비자들은 일방적으로 편성해 주는 콘텐츠를 그대로 받아들여야 했던 환경에서 벗어나게 되었습니다. 이제는 내가 원하는 콘텐츠를 간단히 검색해 찾아보고, 나와 성향이 맞는 SNS의 지인이 추천해 주는 콘텐츠를 골라보는 쌍방향적인 미디어 소비가 가능하게 된 것입니다. 이는 미디어 콘텐츠에 대한 다양성, 개인 선택권 등 기존 기성 미디어가 줄 수 없었던 사용자 이익이 생겼음을 의미합니다.

다음은 콘텐츠를 제작하고 시청자들에게 제공하는 역할을 하는 크리에이터들의 이익입니다. 그들의 이익은 어떻게 변화했을까요? 스마트폰은 이들에게도 결정적인 이익을 주었습니다. 예전에는 고가의 카메라, 편집 프로그램 등으로 사람들을 만족시키는 영상을 제작할 수 있었습니다. 그러나 스마트폰 카메라 기능의 발달을 통해 누구나 사진과 영상의 촬영, 편집을 편하게 하는 세상이 온 것입니다. 여기에 유튜브처럼 동영상 플랫폼이 발달하면서 앱을 통해 간단히 편집한 영상을 업로드할 수 있습니다. 특히 크리에이터들은 자신이 만든 콘텐츠를 대중매체와 같은 '중간 관문'을 거치지 않고 직접 선보이고 평가받습니다. 예전에는 곡을 발표하고도 지상파 가요 프로그램에 나오지 못하면 무명 가수라고 불리던 능력 있는 신인들의 상황도 달라졌습니다. 지금은 자신의 유튜브 채널에 직접 업로드하기만 하면 됩니다. 음악뿐만 아니라 뷰티, 게임, 먹방 등 재능과 기획력만 있다면 장르와 포맷의 제한은 없습니다.

물론 이들에게 가장 강력한 이익은 수익입니다. 유튜브는 조회 수에 따른 광고 수익, 크리에이터 선호에 따른 구독자의 후원 수익, 여기에 더해 콘텐츠 내 직간접적인 홍보(브랜디드 콘텐츠, PPL 등)를 통해 다양한 수익을 얻는 구조를 갖추고 있습니다. 일정 비율의 수수료 외에 대부분의 수익은 중간 단계 없이 크리에이터에게 지급됩니다. 치열한 경쟁의 장인 유튜브 세상이지만 차등 없이 능력에 따른 인센티브가 주어지는 평등한 구조로 되어 있습니다. 연간 8만 원의 이자에도 136만 명이 자신의 시간을 투자해 은행을 찾는 것이 사람의 본성임을 고려해 볼 때, 유튜브를 중심으로 한 1인 미디어 플랫폼에 크리에이터가 몰려드는 것은 아주 자연스러운 현상이라고 생각합니다.

마지막은 광고주 입장에서의 이익입니다. 광고주로서는 사실 대중매체와 유튜브 같은 1인 미디어라는 구분은 특별히 중요하지 않을 수 있습니다. 자사 브랜드와 상품이 잘 광고가 된다면 그것이 가장 큰 이익이 되는 것입니다. 다만 소비자가 상품을 구매하는 것은 단순히 광고 영향만은 아닙니다. 이 때문에 제품 판매량을 모두 광고 효과라고 말하는 것은 무리가 따르기 마련입니다. 그래서 중요한 것은 '광고가 효과적으로 노출되고 있는지'를 측정하는 것입니다. 그동안 우리에게 익숙한 측정의 기준은 시청률이었죠. 이는 과학적인 측정이긴 하지만 시간과 비용의 한계로 전수조사가 아닌 샘플링 조사에 기반합니다. 반면 1인 미디어 플랫폼의 경우 이용자 전체를 대상으로 한 데이터를 얻을 수 있습니다. 이를 통해 다음 광고 전략을 더 효율적으로 구상할 수 있습니다. 또한 광고 집행을 온라인에서 원스톱으로 가능합니다. 게다가 꼭 높은 제작비를 투자하지 않더라도 스마트폰으로 간단하고 저렴하게 제작한 영상도 효과를 얻은 사례가 많습니다. 이 같은 환경 속에서 광고주는 상품 특성에 따라 대중매체와 1인 미디어에 광고를 전략적으로 노출하면 궁극적으로 원하는 이익이 더 커지는 것입니다.

스마트폰, 네트워크, 동영상 플랫폼 발전 등 IT 환경의 변화는 이용자와 크리에이터, 광고주 등 다양한 이해 집단의 이익 흐름을 바꾸고 있다. 이러한 변화의 흐름을 통해 이후 미디어가 어떻게 발전할지 그 방향을 예상할 수 있을 것이다. 기기의 지속적인 발달을 통해 모바일로 콘텐츠를 즐기는 라이프 스타일은 더욱 확대될 것이다. 자연스럽게 이용자와 크리에이터들은 선택할 콘텐츠가 많은 모바일 기반의 1인 미디어 플랫폼으로 더욱 몰릴 것이다. 광고주의 경우 많은 사람이 몰릴수록 더 많은 효과를 기대하고 여기에 광고비를 집행할 것이다. 광고비가 몰리면 인센티브를 기대하는 크리에이터들은 더욱 열심히 제작 경쟁에 나서고, 콘텐츠 품질은 더욱 발전하는 선순환의 고리를 기대해 볼 수 있다.

누군가는 1인 미디어 확대로 무분별한 콘텐츠의 난립을 걱정하기도 한다. 그러나 유튜브를 중심으로 한 1인 미디어 플랫폼은 온전히 자신이 원하는 채널을 선택하는 시청자 중심의 결정 구조를 갖고 있다. 모든 사람에게 기회가 열려 있고 누구에게나 수익을 공유하는 구조가 확립된 것이다. 이 같은 이익은 과거 레거시 미디어가 산업을 지배했던 '게이트 키퍼' 중심의 모델보다 훨씬 공평하다. 그리고 콘텐츠 측면에서 오히려 더 발전할 가능성이 높을 것으로 기대한다.

2

누구나 인플루언서가 될 수 있는
유튜브 월드

그동안 우리는 레거시 미디어의 큰 영향력을 당연하다는 듯이 생각해 왔습니다. 하지만 유튜브처럼 1인 미디어가 발전하면서 기존 레거시 미디어의 역할이 분화되어 영향력이 약해지는 현상이 일어났습니다. 누구나 스마트폰만 있다면 콘텐츠를 제작할 수 있다는 점, 언제 어디서나 다양한 콘텐츠를 선택해 볼 수 있다는 점 등 기술 발전이 중요한 원인 중 하나라고 생각합니다. 그러나 무엇보다 중요한 점은 콘텐츠를 제작한 성과가 실제 수익을 창출할 수 있는 구조로 변화했다는 것입니다. 기존에는 개인의 창작 활동이 단순한 취미에 불과했지만 이제는 실제 수익을 창출하게 되면서 직업이 되는 시대가 된 것입니다.

사진과 텍스트 중심의 1세대 1인 미디어 블로그와 페이스북, 영상 중심의 2세대 1인 미디어 유튜브와 아프리카TV의 차이는 콘텐츠의 유형에 따른 차이로 볼 수 있을 것입니다. 그러나 2세대 플랫폼이 크리에이터들에게 실제적인 수익을 안겨주는 구조로 변화한 것은 영상 플랫폼의 성공에 가장 큰 원인이 되었습니다. 이를 통해 더욱더 많은 사람이 크리에이터로 플랫폼에 뛰어들게 되었고, 사람들이 모이니 더 높은 수준의 콘텐츠가 만들어진 것입니다. 이러한 흐름은 더 많은 시청자를 불러들이면서 선순환 구조를 이루었습니다.

콘텐츠를 보는 것은 무료인 대신에 시청자들이 광고 시청 혹은 제작 후원을 하는 형식의 모델은 성공적인 전략이었습니다. 또한 콘텐츠를 통해 발생한 수익을 창작자에서 55퍼센트, 심지어 70퍼센트까지 배분한다는 전략은 재능과 끼로 무장한 다양한 크리에이터들을 끌어들이는 충분한 원인을 제공한 것입니다. 자신의 창의력과 노력에 대한 합리적 보상을 원했던 크리에이터들이 대이동을 시작한 것이죠. 저는 이 현상이 고대 인류가 식량을 구하기 위해 더 따뜻하고 강수량이 많은 새로운 땅을 찾아 움직였던 것과 비슷하다고 생각합니다. 이러한 과정을 통해 유튜브를 중심으로 한 영상 중심의 1인 미디어는 현재에 이른 것입니다.

인플루언서의 개념도 바뀌었습니다. 과거에는 신문, 방송, 영화사 등 매스미디어에서 진행하는 선발 대회나 공채 등을 통해 대중 앞에 설 수 있었습니다. 그래야만 대중의 관심을 받는 연예인, 유명인이 될 수 있었던 것입니다. 하지만 이제는 누구나 조회 수, '좋아요'를 통해 인플루언서가 되는 세상이 되었습니다. 평범한 일반인이었던 주변 친구들이 어느 날 인플루언서로 성장하는 모습을 볼 수 있는 세상이 온 것입니다.

전 세계 100여 개국, 총 80여 개의 언어를 사용하는 20억 명이 넘는 이용자가 매일 수십억 번 클릭하며 10억이 넘는 시간을 시청하는 플랫폼이 바로 유튜브입니다. 유튜브 시청의 약 70퍼센트는 손안의 스마트폰에서 이루어집니다. 2005년 첫 서비스를 시작한 유튜브의 성장은 2007년 세상에 첫 모습을 드러낸 스마트폰의 성장, 보급과 함께해 왔습니다. 그렇다면 아직 유튜브도, 스마트폰도 없던 2000년대 초중반 당시 가장 인기 있었던 콘텐츠 포맷은 무엇이었을까요? 바로 '팟캐스트'입니다. 2007년 1월, 스티브 잡스가 세계 최초 아이폰을 선보이던 날 그는 이렇게 소개했습니다. "넓은 터치스크린을 가진 아이팟에 혁신적인 휴대전화와 새로운 인터넷 통신 기기를 합쳐 놓은 것"처럼 아이폰 출시 이전까지 가장 혁신적이었던 모바일 기기는 아이팟이었고, 지금의 스마트폰이 그렇듯 당시 새로운 콘텐츠 문화의 뉴미디어이자 플랫폼이 되었습니다. 애플 아이팟iPod과 방송broadcast의 합성어인 팟캐스트Podcast, 오디오 구독 콘텐츠 서비스는 이렇게 탄생했습니다.

국내의 경우 2010~2011년 스마트폰이 폭발적으로 보급되던 당시 오디오 포맷인 팟캐스트가 먼저 인기를 얻었습니다. 아직 3G 폰이 다수였던 통신 환경 속에서 동영상보다는 오디오 포맷이 더 대중적일 수밖에 없었던 시절이었습니다. 국내 최초 팟캐스트 포털인 '팟빵'이 오픈되고 우리나라도 본격적인 팟캐스트의 시대가 열렸습니다. 인기 팟캐스트 채널들이 생기고 '팟캐스터'라 불리는 입담 좋은 인기 셀럽들도 다수 등장하던 시기였습니다.

2012년 유튜브를 통해 싸이의 노래 〈강남 스타일〉이 전 세계의 주목을 받게 되었습니다. 그때 사람들은 개방형 플랫폼이 유튜브의 가장 큰 강점이고, 광고 수익 또한 의미가 있다는 것을 실감했습니다. 그 후 2014년부터 2016년 사이 4G 스마트폰과 LTE 요금제 활성화 등 모바일 시청 환경이 발전하면서 본격적인 영상 소비의 시대로 전환되기 시작합니다. 레거시 미디어에서 1인 미디어로 미디어의 권력 이동이 본격화되었던 시기이고, 새로운 생태계가 만들어지던 '시작'이었다고 볼 수 있습니다. 이때가 그동안 사진과 텍스트 중심이었던 블로그, 페이스북 인플루언서와 당시 PC 중심이었던 아프리카TV의 BJ들이 유튜브로 영역을 확대한 시기였습니다. 국내 기준으로 '1세대 유튜브 크리에이터 형성기'였던 셈이죠. 다만 이때까지만 해도 유튜브는 또 하나의 소셜 미디어 플랫폼으로 인식되었고, 크리에이터가 진정한 직업이 될 수 있을지는 의문이었던 시기이기도 했습니다.

이러한 흐름 속에서 CJ ENM은 국내 최초 멀티 채널 네트워크MCN 브랜드 '다이아TV'를 출범시킵니다. 당시로서는 세계적인 미디어 동향에 적절히 대응한 선구자적인 도전이었습니다. 다수의 유튜브 개인 채널들을 연계해 '직업으로서의 크리에이터'라는 사회적 모멘텀을 연 것입니다. 물론 초기 일부 거품도 있었고, 다소 무모하게 크리에이터로서 성공을 꿈꾸고 뛰어들었다 발길을 돌리는 사람도 많았습니다. 그러나 이 시기를 통해 크리에이터라는 직업에 대한 인식은 변화를 맞이합니다.

유튜브에서 기회의 장이 열리면서 기존에 레거시 미디어에서 볼 법했던 수준이 높은 콘텐츠들이 등장하며 미디어 생태계를 확장했습니다. 프로만 살아남는 본격적인 경쟁이 시작된 것입니다. 장르를 불문하고 '어디서 이런 능력 있는 사람들이 이제야 나타났을까'라는 생각이 절로 들게 하는 크리에이터들의 '구독자 모시기' 경쟁이 일어났습니다. 연예인들의 유튜브 진출도 자연스러운 현상이라고 볼 수 있습니다. 이때부터 "유튜브는 레드오션이다, 상위 1퍼센트만 살아남는다"라는 자조 섞인 이야기들이 나오게 되었습니다. 국내를 기준으로 했을 때 한 사람이 주로 구독하고 시청하는 채널 수는 약 10개 정도라고 볼 수 있습니다. 전 세계를 대상으로 콘텐츠를 기획하는 경우가 아니라면 신규 구독자의 지속적인 증가는 한계가 있을 수밖에 없습니다.

2022년 현재, 지금 새로 시작하는 유튜브 크리에이터의 경우 매우 특별한 계기나 추천에 오를 만한 킬러 콘텐츠가 아닌 이상 단기간에 성공할 확률이 높지 않습니다. 이른바 '개취(개인 취향)'로 세분화된 독특한 장르와 콘텐츠를 통해 여러 사람의 선호를 지향하기보다는 자신만의 취향에 공감하는 커뮤니티의 형태를 목표로 잡는 것이 효과적일 것입니다.

다수의 구독자가 있는 유명 크리에이터들을 만날 때마다 듣게 되는 고민들을 통해 '기시감'을 느낄 때가 있습니다. 과거 레거시 미디어에서 들었던 고민과 비슷한 이야기이기 때문입니다. 무언가를 변화하려고 보면 현재 포맷과 장르를 선호하는 고정 팬들이 있고, 채널의 대표 장르를 넘어서는 새로운 도전은 유튜브 추천 알고리즘의 지원에서 멀어질 수 있다는 것입니다. 과거 레거시 미디어와 같은 상황에 부닥치게 된 것이죠. 1인 미디어로 시작한 유튜브 크리에이터들이 정체성에 혼선을 겪는 상태가 된 것입니다. 그래서 최근의 '개취 추구형' 콘텐츠 동향은 오히려 효율적이고 합리적인 변화라고 생각합니다.

비교적 최근에 유튜브를 시작한 크리에이터의 경우 '개취 추구형' 콘텐츠들이 높은 인기를 얻는 경우가 많다. 〈유우키의 일본이야기 YUUKI〉 채널은 요리사 일본인이 한국어로 일상을 보여주는 콘텐츠를 제작하고 있다. 집에서 만들어 먹는 애니메이션 요리, 독특한 일본 숙소 체험 등 콘텐츠를 통해 일본, 요리, 여행 등에 관심이 많은 시청자의 사랑을 한 몸에 받고 있다. 〈planD플랜디〉 채널은 자취 요리를 주제로 소소한 일상을 콘텐츠로 제작하고 있다. 두 채널 모두 획기적인 킬러 콘텐츠형은 아니지만, 관련 주제에 관심이 많은 사람에게 자연스럽게 사랑받으며 성장해 나가고 있다. 이처럼 유튜브 발전의 시기에 따라 도전이 용이한 포맷과 주제가 있었다. 앞으로는 나만의 취향에 공감하는 사람을 타깃으로 하는 커뮤니티형 전략을 적극적으로 활용해 채널에 적용하는 것이 중요한 세상이 될 것이다.

3

유튜브의 미래

4차 산업 혁명을 통한 기술 혁신은 사람들에게 비대면으로 커뮤니케이션할 수 있는 자유를 선사하고 혼자서는 할 수 없는 것들을 가능하게 하고 있습니다. 아이러니한 부분은 기술 혁신이 인간의 고유한 영역들을 줄인다는 것입니다. 오프라인 지점을 줄여나가는 금융권이 가장 먼저 이를 보여주고, 곧 유통과 제조로 이러한 영향이 확산될 전망입니다.

그러나 미디어 분야는 이들 산업과는 다른 면이 많이 있습니다. 특히 유튜브에서 가장 인기를 누리는 콘텐츠들이 시청자들과 면대면 커뮤니케이션 형태가 많다는 것입니다. 콘텐츠 포맷이 ASMR, 리액트 또는 정치 칼럼 등 소재가 무엇이든 이 점은 모두 같습니다. 스마트폰 속 작은 화면의 크리에이터가 혼자서 카메라를 정면으로 응시하며 촬영해야 하기 때문에 어색할 수 있겠지만 그 효과는 명확합니다. 특히 현실적이고 정직하며 진실한 인상을 준다면 시청자들은 단순한 방문자가 아니라 다시 찾아오는 구독자가 되고 팬이 될 것입니다. 그에 따라 채널의 충성도라고 할 수 있는 조회 수는 자연스럽게 올라갑니다.

비대면 시대에 미디어 산업의 한 축에서 면대면 커뮤니케이션이 지속적으로 시청자들의 사랑을 받을 수 있다는 사실은 참으로 놀라운 부분입니다. 이 같은 경험은 1인 미디어가 지닌 더 근본적인 특징 때문입니다. 바로 일방향이 아닌 양방향 참여와 소통의 플랫폼을 통해 콘텐츠가 생산되고 유통된다는 점입니다. 1인 미디어는 스마트 기기를 통해 영상 콘텐츠를 일방적으로 소비하는 것 이상의 소셜 플랫폼인 것입니다. 시청자는 좋아하는 크리에이터를 친구처럼 여기게 되고, 대화 형태의 영상을 통해 밀접한 유대 관계를 맺게 됩니다. 열성적인 팬들은 크리에이터의 채널을 지지하고 스스로 주변 사람에게 홍보하고 알릴 확률이 높습니다. 이를 통해 면대면 커뮤니케이션은 더 늘어나는 것입니다.

유튜브를 중심으로 한 1인 미디어는 공간적 제한에서 벗어나 언제 어디서나 영상을 통해 쌍방향 소통을 하는 새로운 커뮤니케이션 혁명을 진행 중입니다. 머지않은 미래에 전 세계 사람에게 더욱더 익숙해질 이 소통 방식을 다양한 콘텐츠 실험을 통해 개척하는 지금의 크리에이터들은 미디어 혁명을 이끌어갈 '최전방의 프런티어들'이라고 표현하고 싶습니다. 따라서 1인 미디어 규제보다는 장려와 육성을 통해 우리 사회가 체계적인 지원을 검토해야 한다고 생각합니다.

CHAPTER 2

구독자의
사랑을 받는
유튜브 영상
기획하기

내가 좋아하고 꾸준히 할 수 있는 나만의 콘텐츠를 찾아라

내 채널을 특별하게 만드는 무기

IT 리뷰 채널 〈주연 ZUYONI〉는 말 그대로 최근 '상한가'인 채널 중 하나이다. 특히 IT 리뷰 채널 중에서 손에 꼽히는 사랑을 받고 있다. 〈주연 ZUYONI〉가 이렇게 시청자들의 사랑과 인정을 받는 이유는 무엇일까? 역시 가장 큰 이유는 'IT에 대한 높은 지식과 전문성'이라고 할 수 있다. 언론사 유튜브 채널에서 IT 기자로 활동하며 쌓은 내공이 지금 채널의 기반이 된 것이다. 그 외에도 트렌드를 담은 편집, 눈에 띄는 섬네일(원래는 그래픽 파일의 이미지를 소형화한 것을 의미한다. 유튜브에서는 영상의 대표 이미지, 견본 이미지라는 의미로 사용된다)과 제목, 크리에

33

이터의 매력적인 발음과 발성까지 이 채널의 특징을 하나씩 열거하다 보면 '안 되려야 안 될 수 없는 채널'이라는 것을 알 수 있다.

유튜브 크리에이터로 장기간 살아남는 것은 분명 쉽지 않다. 이를 위한 필수 요소는 나만의 무기가 있어야 한다는 것이다. IT 크리에이터 채널의 경우 전문 지식, 스케치 코미디 채널의 경우 기획력과 이를 뒷받침하는 연기력 등이 필요하다. 이처럼 본격적으로 유튜브 크리에이터를 시작하고자 한다면, 채널 특성에 맞는 자신만의 무기가 무엇인지 생각해 보고 이를 준비해야만 한다. 그래야만 총성 없는 전쟁터인 유튜브 세상에서 구독자의 지속적인 사랑을 받을 수 있다.

〈주연 ZUYONI〉 채널의 주요 소재는 IT 기기이다. 최신 스마트폰, 스마트 워치, 노트북, 태블릿 컴퓨터 등을 언박싱을(말 그대로 상자에서 물건을 꺼내 소개하는 형식을 의미한다) 하거나, 사용 후기를 주로 업로드하고 있다. 하지만 〈주연 ZUYONI〉이라는 채널명은 IT 크리에이터 채널의 느낌이 강하지 않다.

주요 소재는 IT 기기 소개인데요. 제가 하고 싶은 콘텐츠라면 먹방, 커버 댄스, 브이로그VLog(비디오와 블로그의 합성어로 다양한 일상을 영상으로 제작한 유튜브 콘텐츠를 의미한다) 등 가리지 않고 시도해서 '주연'이라고 지었어요.

'주연의 삶'을 주제로 한 브이로그 영상

주연의 말처럼 유튜브 채널은 자신이 관심을 갖는 다양한 소재와 형식을 시도하고 있다. IT 기기 소개 외에 가장 반응이 좋았던 영상 중 하나는 '유튜브 하기 전 과거…낱낱이 밝히겠습니다'라는 영상이다. 해당 영상에서 주연은 자신이 살아온 삶에 대해 솔직히 밝혔고, "끝까지 보는데 왜 눈물 날 것 같지", "영상을 보고 나도 하고 싶은 일은 뭐든 해보자 마음먹었어요" 등 구독자들에게 높은 공감대를 불러일으켰다.

자신이 좋아하는 다양한 소재를 솔직하고, 전문적으로 다루다 보니 자연스럽게 많은 구독자를 모을 수 있었다고 한다. 이처럼 내가 가장 좋아하고 꾸준히 업로드할 수 있는 나만의 콘텐츠를 찾는 것이 중요하다. 주연의 사례처럼 나만의 콘텐츠가 꼭 한 가지 분야일 필요는 없다. 자신이 좋아하는 다양한 소재를 꾸준하게 만들다 보면 자연스러운 '가지치기'도 가능할 것이다.

주 시청자층은 10대부터 50대까지 굉장히 다양하다. 하지만 주로 IT 기기를 소개하다 보니 20, 30대 남성 시청자가 가장 많은 편이다. 그런데 최근에는 스마트폰, 스마트 워치 등 대중적인 아이템을 다뤄 여성 시청자의 구독과 반응이 높아지는 추세이다. 가장 큰 이유는 크리에이터가 IT 기기에 대한 리뷰를 이해하기 쉽게 전달하고 자신의 삶에 대해 솔직하게 이야기하기 때문인 것 같다. 실제 채널 초창기에 비해 최근 6개월 동안 업로드된 영상의 경우 "언니 매력 있어요", "언니처럼 되고 싶어요" 등 여성 시청자의 댓글이 많아졌다.

두려워하지 말고 도전하세요

"두려워 말고 도전하세요. 도전하다 보면 그 안에서 실패도 하고 성공도 하면서 자신의 길을 찾아나가는 겁니다." 대학 시절부터 다양한 대외 활동을 하던 주연은 사람들 앞에서 발표하던 그때를 잊을 수 없다. 백 명 가까운 사람들이 모인 자리에서 생각을 말하고 소통하면서 자신이 나아가야 할 길을 찾았기 때문이다. 그리고 다양한 도전 끝에 '콘텐츠 제작'이라는 결론에 다다른다.

그러다가 한 언론사에서 기자로 일하게 되면서 본격적으로 취재와 제작을 병행했다. 직접 기획, 취재, 편집 등에 참여하면서 여러 종류의 콘텐츠를 만들어내는 일이 적성에 맞는다는 것을 알게 되었다. IT 분야 기자로서 콘텐츠를 만들다 보니 그 분야에 애정도 생겼고, 점점 본인만의 방식대로 마음껏 표현하고 싶다는 생각을 갖게 되었다.

"유튜브가 원래 그런 곳이잖아요. 크리에이터가 자기 개성을 드러내고 마음껏 자신을 표현할 수 있는 곳." 언론사에서 배울 것도 많고 든든한 소속감도 느낄 수 있었지만 더 자유롭게 자신만의 개성을 담은 창작을 하고 싶다는 '도전 정신'이 커져만 갔다. 결국 주연은 자신을 표현하고 대중과 소통하고 싶은 마음을 담아 개인 유튜브 채널 〈주연 ZUYONI〉를 시작하게 되었다. 아무런 고민 없이 지금의 채널을 시작했다면, 성공 확률이 높지 않았을지도 모른다. 그러나 대학생과 직장인 때 다양한 경험을 통해 내가 좋아하고 잘하는 분야에 대한 확신에 기반해 시작했기에 성공할 수 있었다고 생각한다. 이처럼 유튜브 크리에이터가 되기 전 다양한 경험을 통해 내가 좋아하고 잘하는 분야를 먼저 찾는 것이 첫걸음이라고 할 수 있겠다.

채널의 메인 소재는 어떤 기준으로 선택해야 하는가

처음부터 채널 〈주연 ZUYONI〉가 지금의 모습을 갖춘 것은 아니다. 초반에는 퇴사 이후의 일상을 전하는 용도로 주로 활용되었다.

채널을 개설하기는 했지만, 영상도 반년 동안 겨우 서너 편 정도 올렸던 것 같아요. 딱히 이렇다 할 카테고리도 없었습니다. 그런데 2020년 1월부터 본격적으로 '이 채널을 키워야겠다'고 결심하면서 원래 가장 관심이 많았던 'IT', '테크' 분야로 카테고리를 설정하고 운영을 시작했습니다.

주연은 기자 시절부터 가장 자신 있고 관심이 많았던 분야인 IT와 테크를 메인 소재로 결정했다. IT 분야 기자로 쌓은 전문성과 시장에 대한 높은 이해도를 갖고 있었고, 새로 나온 IT 기기에 관심이 많았기 때문에 효율적이고도 적절한 선택이었다.

유튜브 채널 개설 초기 주요 영상

유튜브를 시작하려는 많은 사람이 가장 고민하는 부분이 채널의 주요 소재를 결정하는 것이다. 어떤 기준으로 소재를 결정해야 하는지 막막할 수밖에 없다. 하지만 유튜브는 꾸준히 영상을 제작해서 업로드하는 것이 가장 기본 조건이다. 일주일에 두세 개 영상을 꾸준히 업로드해야만 '유튜브 알고리즘'에 의해 본인의 영상과 채널을 외부에 효과적으로 노출할 수 있기 때문이다. 만약 한 달에 영상한 편만 올리는 채널이라면, 치열한 유튜브 채널 구독자 경쟁에서 살아남을 수 없을 것이다. 이 때문에 채널의 주요 소재를 선정할 때, '내가 꾸준히 영상을 업로드할 수 있는 소재는 무엇인가'를 고민해 봐야 한다. 당신이 직장인인데 '직장인의 여행'을 메인 소재로 채널을 운영한다고 가정해 보자. 직장인이 여행을 하는 시간은 제한적일 수밖에 없다. 그런데 이 상황에서 최소 매주 올릴 수 있는 영상을 제작한다고 했을 때, 소재가 바닥을 드러낼 수밖에 없을 것이다. 오히려 퇴근 후 매일 즐길 수 있는 취미, 출근 준비 등을 주요 소재로 삼는 것이 효율적일 가능성이 높다. 이처럼 채널의 메인 소재는 본인의 상황, 자신 있는 분야, 좋아하는 것을 기반으로 일주일에 두 편씩 쉬지 않고 업로드할 수 있는 것은 무엇인지를 고민해 선택하는 것이 좋다.

〈주연 ZUYONI〉 채널도 매주 두세 개 영상을 꾸준히 업로드했다. 그리고 시장의 새로운 정보들에 예민하게 반응할 수 있도록 국내 언론부터 해외 언론까지 IT 관련 기사들을 열심히 찾아서 읽었다.

사실상 언론사에서 IT 분야를 취재할 때로 돌아간 것 같았어요. 새로운 전자 기기가 나오면 사서 써보고 리뷰를 하고 종일 콘텐츠를 기획하고, 그렇게 2년을 보내고 나니 어느덧 50만이 넘는 채널이 되었네요.

스스로 진심으로 좋아하는 소재를 선택하라

"견디고 듣다 보면 늘어가는 테크 지식!"

이 멘트는 〈주연 ZUYONI〉 채널의 영상 오프닝에 공통적으로 들어가는 멘트이다. 크리에이터 주연이 생각하는 채널의 목적이 녹아 있는 멘트이기도 하다. 채널의 목적은 바로 자신이 가장 사랑하는 일인 '나를 표현하기', '구독자와 함께 성장하기'이다. 이 때문에 유튜브 채널을 운영하면서 스스로 영상의 질, 기획, 비즈니스 커뮤니

갤럭시 Z플립 리뷰 영상

케이션 등 다방면에서 성장하려고 노력한다. 동시에 유용한 영상을 통해 구독자도 함께 성장하는 것을 목표로 운영하고 있다.

이러한 목표가 가장 잘 반영된 영상이 바로 '갤럭시Z 플립 놀라운 활용법 33가지'이다. 자신이 진심으로 좋아하는 소재였기 때문에 출시하자마자 직접 사서 제품을 연구했다. 이 결과 언박싱부터 활용 팁까지 자세한 리뷰 영상을 만들었는데 두 편 영상의 조회 수가 합쳐서 110만을 기록했다. 채널이 막 성장할 무렵 소위 '터진' 영상이 되었다.

제품에 대한 호기심을 영상에 반영해 높은 구독자 반응을 일으킨 영상도 있다. 바로 '어떤 시계든! 결제되는 시계로 만드는 미친 꿀팁'이라는 영상이다. 제목에서부터 시청자를 혹하게 하는 이 영상은 가장 많은 조회 수 112만을 기록한 영상이다.

'스마트 워치' 실험 영상의 한 장면

티머니에서 애플워치에 부착해 결제할 수 있게 만든 '시계 부착형 교통 카드'가 있는데, 제가 그걸 분해했다가 엄청난 성공을 거둔 거죠. 그런데 알고 보니 제가 쓴 방법을 이미 몇몇 분들이 쓰고 계셨다고 하더라고요. 저도 황당하고 웃긴 시도였는데 보시는 분들도 같은 생각이었는지 꾸준히 많이 봐주셔서 제 채널에서는 가장 많은 조회 수를 기록했습니다.

이렇게 구독자에게 유용하고 수준 높은 영상을 제작하기 위해서 오늘도 주연은 고민을 거듭한다. 그리고 이러한 영상을 통해 구독자와 소통하며 함께 성장해 나가고 있다.

크리에이터에게 가장 중요한 재능은 '꾸준함'

유튜브 채널을 운영하다 보면 다양한 위기의 순간이 찾아오곤 한다. 주 2~3회 끊임없이 영상을 제작해서 업로드해야 하는 크리에이터의 숙명이다. 이 때문에 크리에이터가 신체적, 정신적으로 흔들리지 않는 것도 중요하다.

채널의 가장 큰 위기는 제 멘털의 위기와 겹쳤던 것 같아요. 유튜브를 하다 보면 정말 별의별 악플을 보게 되거든요. 영상을 하나 올리면 댓글이 적게는 수백 개, 많게는 수천 개씩 달리는데 그걸 다 보다 보면 아무리 좋은 댓글이 많아도 마음이 다칠 수밖에 없는 것 같아요.

주연에게 가장 큰 위기는 바로 정신적으로 흔들릴 때이다. 얼굴이 알려진 크리에이터의 영상에는 다양한 댓글이 달리기 마련이다. 이럴 때 중요한 것이 정신적으로 흔들리지 않는 것이다. 멘털이 흔들리게 된다면 꾸준함이 가장 중요한 크리에이터 생활에 한계가 올 수밖에 없기 때문이다.

인터넷에 저에 관한 허위 이야기를 사실인 것처럼 써놓은 것을 본 적도 있고요. 그래도 적당히 웃어넘기는 편인데 작년 하반기에 악플로 인한 스트레스가 극에 달했던 때가 있었어요. 저를 끌어내리겠다는 악의가 넘실거리는 댓글 창을 보다 보니 다 때려치우고 도망치고 싶다는 생각도 들더라고요. 너무 힘들어서 기획이고 제작이고 아무것도 못 하고 며칠 동안 방에만 틀어박혀 지냈던 적이 있는데, 그걸 극복한 데에는 어떤 큰 계기가 있는 건 아니었어요. 그냥 그때 팬 분들이 댓글과 메시지로 응원을 많이 보내주셨어요. 정성스러운 응원을 받다 보니까 악의를 가진 몇몇 사람쯤은 무시해도 될 것 같더라고요. 나를 아껴주는 사람들을 너무 오래 기다리게 하지 말자는 생각이 가장 컸습니다. 응원해 주신 분들에게 정말 감사드려요. 그 응원 메시지가 저에겐 얼마나 큰 힘이 되었는지 그분들은 알까요? 그분들이 꼭 행복하셨으면 좋겠어요. 유튜브를 처음 시작할 때 원동력이 저의 꿈과 의지였다면 채널을 지속하게 하는 원동력은 제 영상을 봐주시는 구독자분들인 것 같아요.

자신을 아껴주는 사람들을 너무 오래 기다리게 하지는 말자는 생각이 멘탈을 다시금 바로잡아 주었다. 채널이 막 성장하던 그 시점에 정신적으로 흔들려서 영상 제작을 소홀히 했다면 56만이 넘는 구독자는 있을 수 없었을 것이다. 크리에이터는 몸이 아프거나 정신적인 스트레스가 극에 달하는 것을 피해야만 한다. 결국 '단거리 달리기' 선수가 아니라 '마라톤' 선수가 되어야 한다. 영화배우처럼 해당 작품에 엄청나게 집중하고 난 후 다음 작품까지 시간이 주어지는 것과 다르게, 하나의 영상을 만들고 나면 바로 다음 영상을 쉬지 않고 제작해야 한다. 결국 쉬지 않고 달릴 수 있는 '자기 관리'가 크리에이터의 가장 기본 조건인 것이다.

영상 편집자는 언제 뽑아야 할까?

유튜브를 시작하는 많은 사람의 고민 중 하나는 '채널 운영 구성원을 어떻게 운영할 것인가'일 것이다. 유튜브를 시작하는 처음부터 무리하게 편집자와 같은 구성원을 따로 많이 둘 필요는 없다. 현재 100만 이상의 구독자를 보유한 채널들도 처음에는 대부분 혼자 운영했다. 꾸준하게 자신이 직접 기획, 촬영, 편집한 영상을 '가성비' 있게 제작하다가 채널이 확대되어 혼자 하는 것보다 팀을 꾸리는 것이 적합한 시점에 구성원을 늘리는 것을 추천한다. 구독자가 10만 이상으로 늘어나 크리에이터가 기획과 출연에 집중하는 것이 채널 전체에 효율적인 시점에 편집자를 구하는 것이 효율적이다.

주연도 채널 운영 초반 기획, 제작, 운영을 모두 직접 했었다. 구독자가 30만이 넘어가게 되면서 영상 편집자를 따로 구할 생각을 했다. 아이템을 찾고 기획하는 일에 집중하는 것이 더 수준 높은 섬세한 기획을 할 수 있기 때문이다.

혼자서 1년 동안 운영해 보니 얼마나 힘든 일인지 뼈저리게 알겠더라고요. 너무 힘들어서 가끔은 도망가고 싶을 때도 있어요. 하지만 제가 일하지 않으면 제 채널은 말 그대로 멈춰버리게 되니까 쉴 수가 없더라고요. 체력적으로도 제가 더 오랫동안 채널을 유지하려면 좋은 구성원을 만나는 것이 중요하다고 생각합니다. 제가 지금 잘하는 방식은 사업으로 치자면 대표가 회사의 모든 일을 하는 것인데, 어느 날 대표가 병이라도 나면 그 회사는 불 끄고 문을 닫아야 하는 거잖아요.

그래서 영상 편집자를 구해서 운영하게 되었습니다. 사실 채널의 '톤 앤 매너'를 구성하는 가장 기본이 바로 아이템과 기획인데, 그건 아직 제 손에서 직접 해야 하는 일이라고 생각해요. 그런데 영상 편집에 매달리다 보면 정작 기획에 쏟을 시간과 체력이 부족해지더라고요. 당장 제작하는 영상의 편 수를 늘리기 위해서라기보다는 제가 조금 더 섬세한 기획을 하는 데 시간을 많이 쓰기 위해서 영상 편집자를 구해서 채널을 운영하게 되었습니다.

IT 채널 기획의 3대 요소: 시의성, 공감대 형성, 객관적 사실

영상 기획의 중요한 요소는 분야마다 우선순위가 다를 것이다. IT 채널의 경우 새로 등장하는 기기와 기술에 가장 많은 관심이 쏠리기 때문에 '시의성'이 가장 중요하다. 바로 지금 시점에서 유저들이 가장 많은 관심을 갖는 아이템이 무엇인지 파악해야 한다. 이 때문에 국내외 언론과 유튜브 채널을 챙겨보면서 누구보다 빠르게 해당 아이템을 선점하는 것이 필요하다.

만약 최신 스마트폰, 태블릿 컴퓨터가 출시된다고 해보자. 큰 관심을 얻는 유튜브 영상은 가장 빠르게, 시청자들이 원하는 정보를 제공하는 영상일 것이다. 이 때문에 제품 출시 전에는 이미지 유출에 기반한 주요 특징(디자인, 카메라, 스펙, 가격)을 예측하는 영상을 제작한다.

그리고 제품 출시 초기에는 빠른 속도로 제작이 쉬운 언박싱 위주로 영상을 제작한다. 제품 출시 후 일주일이 지난 시점에서는 시청자들이 궁금해할 만한 세심한 기획을 이어가는 경우가 많다. 출

특이점이 온 LG 스마트폰ㄷㄷ 화면이 돌아버리는
데요? 진짜로 나와버린 LG 윙! (LG WING)

제품 출시 초기 제작한 'LG 윙' 언박싱 영상

S펜으로 필기만 해요? 대부분 모르는 S펜 꿀기능!
(ENG SUB)

**제품 출시 약 일주일 후 'S펜 꿀 기능'을 주제로
한 영상**

시 초기에 언박싱에서 다루지 못했던 자세한 정보를 보여주는 경우
가 많다. 예를 들어 제조사별 다른 스마트폰과의 카메라 기능을 비
교할 수도 있고, 스마트폰의 일부 기능(펜, UI 등) 특징에 집중한 자세
한 설명도 가능하다. 이처럼 IT 채널의 경우 시의성이 무엇보다 중
요하기 때문에, 제품 출시 시기에 따른 영상 기획 전략이 필요한 것
이다.

　두 번째로 중요한 요소는 '시청자와의 공감대 형성'이다.

　전자 기기에 대한 설명도 '리뷰'이다 보니 그 제품을 사용할 사람들을

■ IT 기기 출시 시기에 따른 영상 기획 ■

IT 기기 출시 시기	영상 기획 방향
제품 출시 전	출시 전 유출 이미지에 기반한 제품 특징 예측
제품 출시 직후	언박싱처럼 빠르게 제작이 쉬운 형식으로 영상 제작
제품 출시 일주일 이후	좀 더 세심한 기획을 통한 다양한 영상 기획(예로 다른 스마트폰과의 카메라 기능 비교, 사용 꿀팁 전달, 실험 콘텐츠 등)

고려해야 합니다. '전자 기기를 사용하면서도 어떤 사람은 이런 부분이 좋다고 느낄 것이다', '어떤 사람은 이것이 불편하다고 느낄 것이다'라는 것을 끊임없이 고민하고 예측해야 해요. 리뷰는 보는 사람을 위한 콘텐츠니까요.

주연은 주 시청자들이 자신의 영상을 보고 제품 구매를 결정할 수 있다는 점을 잊지 않는다. 이 때문에 '해당 제품에 대해 사람들이 어떻게 생각할지'를 미리 체험해 보고 시청자와 공감대를 형성하는 것을 중요하게 생각한다. 자신의 영상을 보고 공감대를 느낀 시청자라면 구독자로 이어지고, 다음 영상도 시청할 확률이 높아질 것으로 생각한다.

세 번째로 중요한 기획 요소는 '객관적 사실', 즉 팩트이다. 리뷰는 의견을 피력하는 콘텐츠이다. 의견만 있고 근거가 없으면 공감대를 형성할 수 없다. 리뷰가 설득력을 가지려면 객관적 사실이 바탕이 되어야 한다. 그래서 기획 단계부터 수차례 사실 확인과 자료 조사가 필요하다. 특히 IT 기기의 경우 명확한 팩트가 존재한다. 만약 기획 단계부터 사실 관계를 잘못 조사하게 되면, 소비자의 신뢰를 단번에 저버리는 상황이 일어날 수 있다. 예를 들어 스마트폰 카메라 성능을 비교한다고 해보자. 이때 화소와 같이 주요 스펙을 잘못 조사했다면 사실은 더 좋은 성능의 제품을 좋지 않은 제품으로 소개할 가능성도 있을 것이다. 이 때문에 IT 기기 리뷰 채널을 준비하는 사람이라면 가장 기본적인 팩트를 여러 번 확인하는 것이 중요하다. 구독자와의 신뢰를 쌓는 방법은 지난한 길이지만, 그것을 잃어버리는 것은 단 한 번으로도 충분히 가능하기 때문이다.

채널만의 기획과 제작 노하우를 발견하라!

유튜브를 처음 시작하는 사람들에게 '영상 기획과 제작'의 전 과정은 항상 어렵게 다가올 것이다. 어떤 순서로 제작해야 하는지 단계별로 무엇을 해야 하는지 구체적인 고민이 상당할 것이다. 유튜브 영상을 제작하는 순서는 한마디로 '정해진 것은 없다'이다. 물론 표준화할 방법이 있으나 유튜브 영상은 채널별, 소재별로 가장 효율적인 방법이 다르기 마련이다. 주 2~3회 영상을 제작하기 위해 가장 효율적인 방법으로 기획부터 제작을 완료해야 하기 때문이다. 이 때문에 크리에이터별로 항상 지치지 않고 빠르게 영상을 만들기 위해 자신에게 최적화된 방법을 갖고 있다.

〈주연 ZUYONI〉 채널의 가장 큰 특징은 기획 단계에서 어느 정도 영상 제목과 섬네일을 예상해 두는 것이다. 영상 기획에서 방향성과 주제를 분명히 하기 위함이다. 그래야만 촬영과 편집 단계에서 시간을 줄일 수 있다. 예를 들어 스마트폰 카메라 비교 영상의 경우, 다양한 카메라를 비교한다는 영상 방향성을 기획 단계부터 확

■ 기본적인 영상 제작 과정 ■

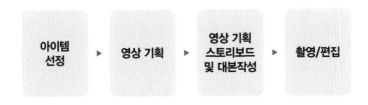

아이템 선정	▶	영상 기획	▶	영상 기획 스토리보드 및 대본작성	▶	촬영/편집

■ 〈주연 ZUYONI〉 채널 영상 제작 과정 ■

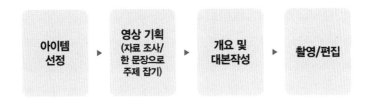

아이템 선정	▶	영상 기획 (자료 조사/ 한 문장으로 주제 잡기)	▶	개요 및 대본작성	▶	촬영/편집

실히 정해놓고 영상 제작을 진행하게 된다. 이렇게 되면 기획 방향에 따라 나아가면 되기 때문에 편집에서 헤맬 필요가 없는 것이다.

또한 대본 작성에도 광고와 드라마 영상과는 다르게 토씨 하나 틀리지 않고 글을 쓰지 않는다. 명확한 기획을 기반으로 전체 개요를 짜고 큰 방향성인 대본을 기반으로 촬영을 진행한다. 또한 미리 공부한 팩트로 촬영 현장에서 대본의 빈 부분을 채워나간다. 만약 세세한 대본까지 작성해서 촬영을 진행한다면 오히려 부자연스러운 리뷰 영상이 될 가능성이 높다. 유튜브 영상은 대부분 자연스러움을 중요시한다. 세세한 대본을 또박또박 읽어나가는 방식은 적절하지 않다. 그리고 대본을 작성하는 과정에서 너무 많은 시간을 소요하는 것은 지양해야 한다. 이렇게 된다면 주 2~3회 영상 제작은 불가능에 가까운 미션이 될 것이다. 이 때문에 〈주연 ZUYONI〉 채널처럼 기획과 촬영, 편집 과정에서 가장 효율적인 방법을 찾고 적용해야 할 것이다.

무엇과도 바꿀 수 없는 가치, 신뢰도

유튜브 영상에서 원래도 중요도가 높았으나, 점점 더 중요성이 부각되는 요소가 바로 '신뢰도'인 것 같습니다. 구독자와의 신뢰가 깨지는 순간 크리에이터로서의 영향력을 잃게 되거든요. 채널이 롱런하려면 항상 진심을 다해 영상을 만들어야 한다고 생각해요.

주연에게 가장 중요한 영상 요소가 바로 신뢰도이다. 특히 팩트를 중심으로 제작하는 IT 채널의 특성상 신뢰도는 그 어떤 요소보다 중요하다. 이 신뢰도는 구독자와 보이지 않는 약속이기도 하다. 항상 진실에 기반하고 거짓말을 하지 않는 솔직한 채널이라는 믿음의 끈이 이어져 있는 것이다.

저는 항상 영상에서 거짓말하지 말자, 말조심하자는 생각을 해요. 이런 생각이 때로는 사람들이 좋아하는 '자극적인 영상'과는 멀어지도록 만들기도 합니다. 그러나 당장 높은 조회 수보다는 오래도록 구독자의 신뢰를 받으며 방송을 이어가고 싶습니다. 거짓말을 할 수 없어서 광고주와의 계약을 파기한 경우도 있는데, 당장 큰돈 못 버는 것이나 광고를 못 하는 것보다는 신뢰를 잃지 않는 것이 더 중요하다고 생각했습니다. 채널을 유지하려면 오래도록 신뢰를 잃지 않아야 해요.

경쟁이 치열한 유튜브 세계에서 크리에이터는 '자극적인 영상'에 대한 유혹에 시달릴 수밖에 없다. 하지만 장기적으로 발전하는 채널을 만들기 위해서 자극보다는 신뢰도가 중요할 것이다. 만약에 IT 크리에이터가 팩트에 맞지 않는 정보를 전달하고, 추천하기 어

'갤럭시 S21 카메라 비교'라는 주제로 기획하고 제작한 영상

려운 제품을 소개한다면 이 채널은 길게 유지할 수 없을 것이다. 눈앞의 단기적인 달콤한 악마의 속삭임에 나만의 길을 똑바로 가는 것, 크리에이터의 가장 기본적인 자격 요건이 아닐까 생각한다.

캐릭터와 기획의 '차별화'만이 살길이다

제가 가장 어려워하는 질문이고 가장 많이 하는 고민이 바로 "시청자가 왜 하필 내 영상을 봐야 하는가?"예요. 아무래도 같은 제품을 여러 사람이 리뷰를 하니까, 제 영상만의 차별점에 대해서 가장 많이 고민하는 편입니다.

IT 채널의 경우 같은 제품을 여러 크리에이터가 동시에 리뷰하는 경우가 많다. 특히 새로 나온 스마트폰은 거의 모든 IT 유튜브 채널에서 한 번씩 다루는 소재라고 볼 수 있을 것이다. 그렇기 때문에 채널별 '차별화'가 다른 어떤 채널보다도 필요하다. 예를 들어 새로 나온 스마트폰의 스펙을 줄줄 읊기만 하는 채널과 다양한 단말기의 성능을 쉽게 비교해 주는 영상이 있다고 해보자. 다른 채널과 차별점이 없는 단순 스펙 나열 영상은 도태되기 쉽다. 유튜브를 시작할 때 남들이 다 하는 형식을 따라가기 쉽지만, 채널만의 차별점을 찾아야만 하는 것이다.

마스크 쓰고 Face ID 인식 된다고? 꼼수의 진실. 팩트체크 #Shorts #애플도포기했다?

유튜브 플랫폼 내 1분 미만의 짧은 영상(숏폼)

그렇다면 유튜브 채널의 차별점을 위해서는 어떤 부분을 고려해야 할까? 첫 번째는 캐릭터이다. 한 문장, 한 단어로 압축할 수 있는 자신만의 캐릭터를 설정하고 이를 영상에 반영해야 한다. 주연은 기자의 전문성, 아나운서 같은 발음과 발성, 그리고 친근한 20대 여성의 캐릭터를 동시에 갖고 있다. 그리고 이러한 캐릭터를 영상에 적극적으로 반영한다. 두 번째는 영상 기획에서의 차별화이다. 이 채널의 경우 주제와 내용을 정하는 데 남들보다 더 공감되게, 더 자세하게, 더 재치 있게 표현하는 것에 가장 많은 시간을 할애한다. 그리고 영상 기획에서도 이 차별점을 중요하게 생각한다. 구독자들이 궁금해하는 사항을 유튜브 플랫폼 내 1분 미만의 짧은 영상인 쇼츠 **Shorts**로 풀어내어 새로움을 주기도 한다.

또한 이 채널의 특징 중 하나가 구독자의 질문들을 모아서 따로 Q&A 영상을 만드는 것이다. 보통 제품 리뷰를 하게 되면 영상 한 편에서 놓칠 수 있는 부분도 많이 있다. 이 때문에 질문에 대답해 주는 영상의 경우 높은 반응을 얻고 있다. 이처럼 기획의 차별화는 곧 채널의 차별화로 이어진다.

아마 유튜브에 더 늦게 진입하시는 분일수록 이런 고민을 많이 하셔야 할 거예요. 이미 많은 성장을 이룬 사람들 틈바구니에서 살아남으려면 어떤 점에서는 반드시 남보다 탁월해야 하니까요.

Q&A를 모아 제작한 무선 이어폰 영상

유튜브에 지금 뛰어드는 후발 주자에게는 차별화가 더욱 중요할 것이다. 앞서 자리를 잡고 인지도를 쌓은 선배들을 뛰어넘을 수 있는 것은 캐릭터와 기획의 차별화뿐이기 때문이다. 치열한 경쟁에서 앞으로 나아가는 데는 왕도가 없다. 다만 남들보다 얼마나 다르냐, 그리고 그 다른 방향이 구독자에게 얼마나 사랑을 받을 것이냐를 계속 고민하며 채널을 운영해 나가야 할 것이다.

유튜브 영상 기획은 '진인사대천명'입니다. 말 그대로 내가 할 수 있는 최선을 다하고 나면, 나머지는 운이 따라 주기를 기다린다는 뜻이에요. 단순히 아무 노력도 하지 않고 감나무 밑에서 감이 저절로 떨어지길 기다리는 것은 아닙니다. 앞서 말씀드린 대로 치열하게 채널과 영상의 차별화를 고민하고 이를 기획에 녹여 시청자에게 사랑받는 영상을 제작하기 위해 노력합니다. 하지만 정말 철저하게 타깃을 분석하고 나의 강점을 내세우고 치밀하게 준비한다고 해도 결국 성과를 내는 것은 시청자에게 선택받느냐에 달렸거든요. 하지만 항상 최선을 다해서 유튜브에 적합한 기획을 해나가다 보면 언젠가 '터지는' 때가 오기 마련입니다. 포기하지 말고 최선을 다하면 꼭 좋은 때가 올 것입니다.

농구 유튜버로 살아가는 법 : 개그맨이라고 무조건 예능 유튜브만 하란 법은 없다

'만능 재주꾼' 개그맨들의 유튜브 진출 러시

개그맨들의 유튜브 진출은 이제 새로운 현상은 아니다. 이미 수많은 개그맨 출신 크리에이터가 유튜브 채널을 개설했고, 다양한 인기 채널들을 운영하고 있다. 이와 같은 유튜브 진출은 자연스러운 현상이다. 우선 〈개그콘서트〉, 〈웃찾사(웃음을 찾는 사람들)〉' 등 공중파 TV 프로그램 폐지가 큰 원인이 될 수 있다. 하지만 연기력, 코너 아이디어에 대한 기획력을 갖춘 '만능 재주꾼' 개그맨들에게 새로운 플랫폼의 등장은 지나칠 수 없는 도전의 장이 될 수밖에 없다. TV에서 할 수 없었던 소재, 포맷을 자유롭게 제작할 수 있다는 특점이자 강점은 유튜브 진출 러시를 더욱 강화하는 요소일 것이다.

개그맨들이 운영하는 유튜브 채널의 경우 몇 가지 유형으로 나눠볼 수 있다. 첫째, '개그'를 중심으로 한 채널이다. 이 경우 기존 TV 예능 프로그램에서의 캐릭터를 그대로 살리기도 하고, 다양한 캐릭터를 연기하면서 구독자의 사랑을 받는 경우가 많다. 개그맨으로서 가진 장점을 유튜브 채널에 맞게 녹이는 것이다. 가장 대표적인 채널이 '최준' '길은지', '이호창' 등 인기 캐릭터를 만들어내며, 높은 구독자와 조회 수를 기록한 〈피식대학〉이다. 'B대면 데이트' 코너는 개그맨의 장점과 유튜브 채널 특성을 잘 녹인 대표적인 콘텐츠이다. 소재와 포맷에 한계가 있는 TV 개그 코너에서보다 유튜브에서는 자유로운 표현이 가능하다. 이러한 유튜브의 장점을 살려, 모바일에 기반한 면대면 소통이라는 포맷에 '최준'이라는 캐릭터를 입히면서 폭발적인 인기를 끌어낸 것이다.

개그맨 출신 크리에이터가 운영하는 채널 중 최근 가장 큰 사랑을 받는 채널은 〈숏박스〉이다. KBS 공채 출신 개그맨 김원훈, 조진세가 모여 끼를 마음껏 펼치는 중이다. 여기에 엄지윤이 가세한 '장기연애' 시리즈가 큰 인기를 끌면서 말 그대로 대세가 되었다. 〈숏박스〉는 스케치 코미디라는 장르를 새롭게 시도했다. 5분 안팎의 러닝타임에 '장기연애', '찐남매' 같은 콘셉트에 코미디를 녹인 장르이다. 짧은 시간 안에 스케치 코미디가 유튜브 포맷 중 대세가 될 만큼 이들의 영향력은 엄청나다. 이 채널의 가장 큰 장점은 기획력과

개그맨 송준근, 정범균이 운영하는 농구 유튜브 채널

연기력이다. 가장 큰 사랑을 받았던 '장기연애' 시리즈의 경우, 사람들이 공감할 수 있는 장기 연애의 특징을 기획으로 잘 보여주었다. 그리고 이러한 기획력에 뒷받침되는 공채 출신의 연기력이 백미이다. 만약 이들이 개그맨 경력으로 쌓아온 탄탄한 연기력이 없었다면 지금의 성공도 없었을 것이다. 탄탄한 연기력에 기반한, 사람들이 공감할 수 있는 섬세한 표현력이 이들의 무기인 셈이다.

　개그우먼 강유미가 운영하는 〈강유미 yumi kang좋아서 하는 채널〉의 경우, '연기력'을 십분 활용해 다양한 캐릭터를 연기하면서 구독자의 사랑을 받고 있다. '고3 입시 상담', '초저가 현지 여행 가이드' 등 재밌는 상황의 캐릭터를 잘 표현하는 것이 인기 요인이다. 개그맨 김대희가 운영하는 채널 〈꼰대희〉는 기존 〈개그콘서트〉 코너들을 다양한 출연자와 함께 재해석하면서 인기를 얻고 있다.

둘째, 개그 외 소재를 메인으로 운영하는 채널이다. 가장 대표적인 소재가 '스포츠'이다. 〈홍인규 골프TV〉는 골프를 메인 소재로 삼아 골프 레슨, 연예인 매치를 콘셉트로 잡은 채널을 운영하고 있다. 〈슬램덕후〉는 〈개그콘서트〉 출신 개그맨 송준근, 정범균이 운영하는 본격 농구 콘텐츠 채널이다. 농구 관련 비하인드 스토리, 농구 레슨 등을 주요 소재로 하고 있다.

그 외에도 커플 유튜브 채널을 운영하는 〈엔조이커플〉, 몰래카메라 콘텐츠를 제작하는 〈배꼽빌라〉, 피규어를 리뷰하는 취미 채널 〈이상훈 TV〉 등 재능 많은 개그맨의 유튜브 채널은 자신의 강점을 살린 다양한 채널을 통해 많은 사랑을 받고 있다.

개그맨이 '농구 유튜브 크리에이터'가 되기까지

앞서 설명한 유튜브 채널 중에서도 '정말 자신들이 좋아서 하는 채널'이 있다. 바로 〈슬램덕후〉이다. 채널명에서 느껴지듯이 〈슬램덕후〉는 본격 농구 콘텐츠 채널이다.

송준근(이하 '송'): 〈슬램덕후〉 채널이 지금의 모습까지 올 때까지 다양한 일들이 있었습니다. 먼저 저희의 생각은 '유튜브 채널을 둘이서 함께 운영하자'였습니다. 어떤 소재를 중심으로 채널을 운영할지는 그다음 문제였습니다.

정범균(이하 '정'): 농구라는 소재로 정착하기까지 수많은 시행착오가 있었습니다. 처음에는 저희가 실제 아이가 있는 아빠라는 점을 살려 '책 읽어주는 아빠들', '장난감 만들기' 등 키즈 콘텐츠에 도전하기도 했습니다. 또한 기존에 개그 프로그램에서 했던 포맷을 변형한 개그 콘텐츠를 제작하기도 했습니다. 그러나 생각보다 반응이 높지 않았고, 소재에 대한 고민이 깊어져 갔습니다.

송: 그러다가 실제 우리가 좋아해서 오랫동안 콘텐츠를 만들 수 있는 소재에 도전하자고 결론을 내렸습니다. 유튜브 채널로 많은 수익을 내기보다는 우리가 좋아하는 농구를 즐기면서 '우리의 만족'을 목표로 삼았습니다. 저희에게는 하나의 '취미' 채널이기도 한 것이죠.

정: 그리고 저희끼리 정한 채널의 철칙도 있습니다. 아이 아빠이기 때문에 "아이들이 봐도 되는 건전한 콘텐츠를 만들자. 선정적이거나 폭력적인 콘텐츠는 지양하자"라는 철칙을 세웠습니다. 저희가 가장 좋아하는 농구 콘텐츠를 즐겁게 만들면서, 아이들에게도 떳떳한 콘텐츠를 만드니 스스로 큰 만족을 느끼면서 유튜브 채널을 운영하고 있습니다.

동호회 농구인들을 찾아다니면서 제작한 영상 콘텐츠

송: 채널 자체를 일반인 농구 팬들의 동호회와 같은 분위기로 운영하고 있습니다. 그래서 동호회 농구인들을 찾아다니면서 함께 농구하고, 프로 선수들에게 기술도 배우는 콘텐츠를 주력으로 하고 있습니다.

이처럼 크리에이터 〈슬램덕후〉는 처음 유튜브를 시작하면서 많은 시행착오를 겪었다. 이는 처음 유튜브를 시작하는 사람이라면 누구나 겪는 과정이 될 것이다. 시작하자마자 잘되는 경우는 극히 드물기 때문에 어떤 소재를 메인으로 채널을 운영할지 수많은 도전을 하게 되는 경우가 많다. 이때 채널 소재를 선택하는 기준 중 하나는 '지속적으로 업로드가 가능한 소재'인 것이다. 〈슬램덕후〉의 두 크리에이터는 평소 다양한 행사, 방송 출연 등으로 바쁜 와중에도 매주 콘텐츠를 업로드하고 있다. 이는 자신들이 '좋아하는 소재'이기 때문에 가능한 것이다. 하지만 좋아한다고 해서 유튜브로 성공하리라는 보장은 없다. 개그맨으로서의 인지도, 진행력, 코너 기획력 등이 뒷받침되기 때문에 안착할 수 있었다.

이처럼 내가 좋아하는 취미를 기반으로 콘텐츠를 제작하려고 한다면, 내가 좋아하는 소재를 어떤 기획에 녹여 시청자들이 좋아하는 콘텐츠로 만들 수 있을지를 고민해야 할 것이다. 이러한 고민 없이 단순히 좋아하는 소재를 내가 편한 포맷으로 제작한다면 시청자들의 외면을 받을 확률이 높아진다는 것을 명심해야 한다.

구독자의 니즈에 맞는 대박 콘텐츠 기획하기

송: 처음 〈슬램덕후〉를 시작했을 때 막연하게 잘될 것이라는 생각도 했습니다. 우리가 개그맨이니까 그러한 특성을 살려서 '재밌게'만 한다면 조회 수와 구독자 수 모두 대박이 나지 않을까 하고요. 불닭볶음면을 먹으면서 농구공 드리블을 하는 영상을 제작하기도 했습니다. 불닭볶음면이 한창 유행하던 때였는데, 생각보다 조회 수가 나오지 않았습니다.

정: 농구에 억지로 유행하는 소재, 개그 소재를 붙이기보다는 농구 그 자체에 진지하게 도전하고 접근하는 모습을 구독자분들은 더 좋아해

'불닭볶음면 먹기'라는 유행을 농구에 접목했던 영상

주시더라고요. 그때부터 농구 콘텐츠에 좀 더 진지하게 접근하기 시작했습니다.

〈슬램덕후〉 채널은 이때부터 농구 선수와의 대결, 프로에게 배우는 레이업, 3점 슛 꿀팁, 농구 비하인드 스토리 등 콘텐츠를 제작했다. 특히 김낙현 선수의 출연은 채널이 말 그대로 '떡상'하는 계기가 되었다. 프로 선수에게 농구를 배울 기회는 흔치 않다. 그리고 현역 프로 선수가 알려주는 농구 팁 콘텐츠는 시청자에게는 소중한 정보가 되기도 한다. 또한 이러한 콘텐츠는 반복해서 시청하는 경우가 많기 때문에 높은 조회 수를 기록하는 데 유리한 면이 있다. 그 결과, 최고의 드리블러가 되기 위한 인 앤 아웃, 레그 스루 등 다양한 기술을 알려주는 콘텐츠는 조회 수가 거의 50만에 육박하는 성공적인 결과를 이끌어냈다.

송: 드리블 자체에 관심이 많은 어린 학생들이 농구를 배우려면 비싼 비용을 들여야 하는 경우가 많은데, 저희가 영상 내에서 드리블에 대해 세세하게 설명해 알려주니까 반응이 좋았던 것 같습니다. 학교에서 해당 영상을 수업용 영상으로 쓰는 경우도 있다고 하더라고요. 왠지 저희가 어린 학생들에게 도움을 준 것 같아서 뿌듯한 마음이 들기도 했습니다.

또 다른 대박 콘텐츠는 하승진 선수가 서장훈 선수에 관해 이야기한 영상이었다. 농구장에서 함께 농구를 한 하승진 선수가 왜 서장훈 선수가 최고의 센터인지를 설명하는 영상이다.

정: 사실 철저히 기획해서 나온 콘텐츠가 아니기 때문에, 해당 영상이 잘 되었을 때 어안이 벙벙하기도 했습니다. 저희는 한번 촬영할 때 여러 편을 찍을 때가 많습니다. 그래서 농구 기술을 배우는 콘텐츠를 촬영하다가 쉬는 시간에 편안하게 이야기를 나누는 상황이었습니다. 물론 콘텐츠에 대한 욕심에 카메라를 켜두기는 했습니다(웃음).

이 채널의 메인 타깃은 농구 동호인들이다. 이들의 가장 큰 니

현역 프로 선수의 농구 팁을 소재로 제작한 영상

즈는 농구에 대한 지식, 다른 곳에서는 들을 수 없는 다양한 비하인드 스토리 등이다. 아무리 개그맨이 운영하는 콘텐츠라고 할지라도 '개그'가 '농구'보다 우선할 수 없는 것이다. 〈슬램덕후〉는 맨 처음 이런 부분을 간과하기도 했지만, 다양한 시도 끝에 주요 구독자의 니즈를 정확히 파악할 수 있었다. 영상 콘텐츠가 업로드되고 난 후 항상 유튜브 스튜디오(유튜브 통계와 관리. 영상과 채널의 성과 분석 등 다양한 기능이 제공되는 유튜브 내 주요 분석 툴)에서 영상에 대한 분석을 이어나갔다. 이처럼 영상을 업로드하면서 점점 구독자의 니즈를 명확히 파악할 수 있었고, 지금에 이르게 된 것이다.

송: 또한 구독자들과 적극적으로 소통하면서 니즈를 파악하려고 합니

다. 라이브 방송을 자주 하는데 이때 어떤 선수가 출연하면 좋겠는지, 어떤 콘텐츠를 제작했으면 좋겠는지를 직접 물어보곤 해요. 그리고 댓글을 다 읽고 답변해 주면서 구독자들이 원하는 콘텐츠를 연구하려 합니다. 이러한 노력들은 콘텐츠에 바로바로 반영하고 있습니다.

유튜브 콘텐츠의 '양과 질'을 동시에 잡아라!

정: 저희 채널의 위기는 '유명한 선수를 한번 모시면 무조건 많이 찍어서 여러 편을 뽑아내야 한다는 강박관념'에서 오는 것 같습니다. 아무래도 유명한 선수는 쉽게 모실 수 없기 때문에 될 수 있으면 여러 편을 제작하려고 하고 있습니다.

송: 또 크리에이터로서의 욕심도 있습니다. 바쁜 와중에 매주 두세 편을 올려야 한다는 압박감에 한 번 촬영할 때 여러 편을 뽑아내려는 생각을 했습니다. 하지만 편 수에 치중한 나머지 콘텐츠 질을 놓칠 때가 많이 있었습니다. 내실은 다지지 못하고 콘텐츠 양을 늘리려고만 한 거죠. 이 경우 구독자가 오히려 빠지고 조회 수가 낮은 현상이 나타났습니다. 이때부터 무조건 양에만 집착하지 말고 영상의 내실을 다지자고 결심했습니다.

수많은 유튜브 크리에이터가 매주 두세 편을 지속적으로 올려야 한다는 강박에 시달린다. 이 때문에 번아웃을 겪으면서 고통을 호소하기도 한다. 매주 두세 편을 쉬지 않고 공장처럼 콘텐츠를 쏟아내는 것은 분명 쉽지가 않다. 하지만 유튜브 채널 운영의 중요한 전제는 단순히 '영상을 매주 두세 편 업로드한다'가 아니라 '구독자들이 만족할 영상을 매주 두세 편 업로드한다'이다. 분명 쉽지 않은 미션이기는 하지만 콘텐츠의 양과 질 어느 하나를 놓치는 순간 구독자는 떠나가기 마련이다.

가장 효율적인 '영상 제작 시스템'을 구축하는 법

유튜브 영상의 양과 질을 모두 잡기 위해 가장 중요한 일이 바로 '효율적인 제작 시스템 구축하기'이다. 여기서 말하는 제작 시스템 구축이란 영상 제작을 위한 기획, 촬영, 편집으로 이어지는 전 과정이 가장 효율적으로 운영되도록 시스템화하는 것을 의미한다. 이러한 시스템이 갖춰지지 않는다면, 매번 영상을 만들 때마다 제작 시간과 영상 질이 달라질 수 있다. 안정적으로 콘텐츠를 제작하면서 양과 질을 잡기 위해서는 시스템을 제대로 구축해야 하는 것이다.

정: 저희 채널의 경우 대본 작업은 거의 하지 않고 있습니다. 영상 큰

하승진 선수가 출연한 '여대생과의 대결' 영상

틀의 기획만 잡고 나머지는 대부분 리얼리티로 촬영하기 때문이죠. 예를 들어 하승진 선수가 출연한다면 '일대일 매치', '여대생과의 대결', 'NBA 골 밑 기술 배우기' 등 편별로 기획합니다. 그리고 실제 하승진 선수와 농구를 하면서 생기는 일들을 생생하게 담으려고 노력합니다.

영상 촬영 전까지의 과정은 콘텐츠 특성에 따라 많은 차이를 보인다. 〈슬램덕후〉의 경우 콘텐츠 기획 자체가 리얼리티에 맞춰져 있기 때문에, 대본 없는 촬영이 가능하다. 그리고 이 기획의 강점은 제작 전반의 스케줄을 효율적으로 운영할 수 있다는 것이다. 대본 작업에서 힘을 빼지 않기 때문에 영상 촬영 전 시간을 단축한다는 장점이 있다. 실제 유튜브 콘텐츠를 기획할 때 영상의 포맷과 함께 제작 방식을 함께 고민해야 하는 이유이다. 자신이 유튜브에 쏟을 물리적 시간이 부족하다면, 영상의 제작 기간을 단축할 수 있는 포맷을 고민하는 것도 한 방법이다.

송: 대본 작업뿐만 아니라 촬영과 편집 시간을 줄이려고 많이 노력합니다. 농구 선수에게 드리블을 배우는 콘텐츠라면, 드리블의 어떤 것을 배울지를 정하고 이에 맞춰 촬영을 진행합니다. 저희는 영상 한 편의 촬영을 20분이 넘어가지 않게 하려고 하는데요. 10~20분 정도 기획에 맞춰 촬영하고 약 8분 정도의 영상을 업로드하는 것을 목표로 하고 있습니다. 아예 제작 시스템을 이렇게 준비하다 보니, 기획부터 최종 영상이 나오는 전체 시간을 많이 줄였습니다.

정: 그리고 편집자에게 일차적으로 편집해야 할 포인트와 주요 자막 내용을 약속된 포맷에 맞게 전달합니다. 편집자와 손발이 맞지 않았던 처음에는 영상 소스 전달 후 편집까지 시간이 오래 걸렸었는데, 점차 손발이 맞아가면서 이 부분의 시간도 많이 줄이게 되었습니다.

본업이 연예인인 송준근과 정범균에게 시간은 곧 금이다. 유튜브에 모든 시간을 쏟을 수 없는 상황에서 영상 포맷에 최적화된 제작 시스템을 구축했고, 그 결과 영상의 양과 질을 모두 잡았다. 이렇게 영상 기획부터 최종 편집까지의 전 과정을 가장 효율적인 방법,

시스템으로 적용하는 것이 유튜브 채널을 운영할 때 가장 필수적인 선결 조건이 되는 것이다. 그리고 이러한 시스템을 포맷에 맞춰 최적화한다면, 채널을 안정적으로 운영하는 데 큰 힘이 될 것이다.

캐릭터 설정하기: '투석기', '농구 우등생'과 함께하는 농구 레슨

유튜브 콘텐츠를 기획할 때, 출연자의 캐릭터를 어떻게 잡고 녹일지도 함께 고민해야 한다. 얼굴이 알려진 개그맨인 송준근, 정범균은 따로 캐릭터를 잡을 필요가 없어 보이지만, 영상 기획에 녹일 캐릭터를 세밀하게 잡는 데 많은 시간이 필요했다.

정: 처음부터 저희 캐릭터가 명확히 잡히지는 않았습니다. 일차적인 캐릭터는 저희 그 자체이기 때문에 따로 잡을 필요가 없었지만, 농구를 하는 데 디테일한 캐릭터 설정이 필요했습니다. 리얼리티를 추구하는 채널이기 때문에 억지로 캐릭터를 잡지는 않았습니다. 실제로 농구를 함께 배우면서 자연스럽게 생기는 캐릭터를 차곡차곡 쌓아왔다는 것이 더 정확한 표현일 것 같습니다.

송: 범균이는 '투석기', '놀리기 만만한 친근한' 캐릭터로 잡혔습니다. 투

석기는 슛 폼이 투석기 같다는 구독자들의 반응에서 생긴 캐릭터입니다. "투석기 폼 안 고쳐지네"처럼 재미있는 슛 폼을 편안하게 놀리는 분위기가 형성되었습니다. 저는 'FM처럼' 진지하게 농구를 배우는 이미지를 갖게 되었고요. 이렇게 자연스럽게 잡힌 캐릭터는 다음 영상에서도 녹아들게 됩니다. 이처럼 유튜브 콘텐츠에서 출연자 캐릭터는 중요한 요소라고 생각합니다.

유튜브 크리에이터에게는 저마다의 캐릭터가 있기 마련이다. 특히 많은 구독자의 사랑을 받는 크리에이터를 떠올려보면 특정한 캐릭터가 생각나기 마련이다. 반대로 사랑을 받지 못하는 크리에이터는 명확한 캐릭터가 없거나 매력적이지 않은 경우가 많다. 이 때문에 자신의 캐릭터를 어떻게 만들지를 반응을 열심히 살펴보면서 자연스럽게 잡아나가는 것이 중요하다.

반대로 특정 콘텐츠 코너에서는 의도적으로 캐릭터를 잡을 수도 있다. 채널 〈1등 미디어〉의 경우 '문과 1등 대 이과 1등' 시리즈에서 뭐든지 문과적(역사 위인을 통한 설명), 이과적(화학 공식에 빗대서 설명)으로 풀어나가는 극단적인 캐릭터들이 등장한다. 이처럼 명확한 캐릭터가 필요한 기획 영상은 의도적으로 기획 단계에서 캐릭터 성격을 정의할 필요가 있다.

'투석기' 캐릭터를 살려 제작한 일대일 농구 대결 영상

유튜브 영상 기획은 '맨땅에 헤딩하기'

정: 유튜브 영상 기획은 '맨땅에 헤딩하기'와 같다고 생각합니다. 어떤 영상이 잘될지 사실 미리 알기가 어렵습니다. 이 때문에 부딪혀봐야 구독자가 무엇을 원하는지, 어떤 기획을 해야 하는지 점차 알아가게 되는 것 같습니다. 이러한 의미에서 저희가 그동안 노력해 온 것들이 맨땅에 헤딩하기와 비슷하다는 생각이 듭니다. 하지만 의미 없는 헤딩은 아니었습니다. 그 과정을 통해 많은 것을 배우고 지금의 〈슬램덕후〉가 있는 것이라 생각하니까요.

송: 맨땅에 헤딩하면서 '나만의 참신함을 찾아가는 것'을 함께 고민해 봐야 한다고 생각합니다. 유튜브에 완전히 새로운 소재와 포맷은 없으

리라고 생각합니다. 그래서 같은 소재라도 나의 채널에서는 어떻게 차별화할지 고민하는 것이 중요할 것 같습니다. 때론 다양한 유튜브 영상을 보면서 '이 영상은 왜 사람들의 사랑을 받는지' 그 포인트를 정확하게 파악하고, 거기에 나만의 포인트를 어떻게 녹일지 고민해야 합니다. 그렇다면 초반에 힘들게 맨땅에 헤딩을 반복해도 나중에는 차별성을 갖게 되고, 이는 나만의 무기가 되리라고 생각합니다.

유튜브 기획은 '맨땅에 헤딩'처럼 직접 기획하고 시청자의 반응을 맞닥뜨리면서 성장해 나가는 측면이 있다. 이때 중요한 것은 아무 생각 없이 부딪히는 것이 아니라, 그 과정에서 나만의 무기를 찾아야 한다는 것이다. 〈슬램덕후〉도 자신들만의 '참신함'을 찾기 위해 부단히 노력했다. 처음에는 채널에 출연하는 선수에 대해 많이 연구하지 않았는데, 점차 많이 찾아보기 시작했다. 하이라이트 영상도 보고, 몰랐던 그 선수만의 스토리를 찾아서 이를 기획에 녹이는 것이다. 슛, 드리블처럼 농구 기술의 가짓수가 한정적인데, 이를 단순히 반복하는 것이 아니라 나오는 선수의 스토리를 녹여 차별점을 찾아나간 것이다. 〈슬램덕후〉 채널은 앞으로도 새로운 기획을 준비하고 있다. 그동안 하지 않았던 구독자와 함께하는 농구 대회, 다른 농구 유튜브 채널과의 협업 등을 생각하고 있다.

송: 코로나 때문에 많은 기획이 멈춰 있지만, 저희는 항상 '우리 채널만

의 참신함'을 위해 고민하고 있습니다. 하루 이틀 사랑받는 채널이 아 닌, 오랫동안 구독자의 사랑을 받는 채널이 되었으면 좋겠습니다.

반려동물 채널 〈Arirang은
고양이들 내가 주인〉
남기형

'자연스러움'과 '신선함'으로
무장한 콘텐츠로 승부하라

내 채널만의 차별화 포인트가 꼭 필요한 이유

반려동물을 키우는 사람들이 늘어나는 만큼, 동물과 관련된 유튜브 채널의 수도 자연스럽게 증가했다. 처음에는 강아지, 고양이가 출연하는 것에 국한되다가 지금은 새, 파충류 등 다양한 동물이 출연하는 채널들이 운영되고 있다. 동물 관련 유튜브 채널 중 '배우'가 직접 출연하고 운영하는 채널이 있다. 바로 〈Arirang은 고양이들 내가 주인(이하 Arirang)〉이라는 채널이다.

〈Arirang〉은 제가 키우는 세 마리의 고양이들 일상을 주제로 한 유튜브

2015년 첫 업로드한 '고양이와 사투' 영상

채널입니다. 처음부터 본격적으로 채널을 운영하자는 생각으로 시작한 채널은 아닙니다. 2015년, 우연히 올린 영상이 잘되면서 지금까지 운영하게 되었습니다. 당시 인터넷 커뮤니티에 저의 고양이 '아리'와 관련된 영상을 올리려고 했는데, 영상 링크 형태로만 업로드가 가능했습니다. 이 때문에 유튜브에 영상을 올리고 해당 링크를 활용해 커뮤니티에 공개했습니다. '고양이와의 사투'라는 제목의 해당 영상은 아리가 제 손을 장난스럽게 공격하는 41초짜리 영상이었습니다. 당시 유튜브상에서 고양이와 관련된 영상이 많이 없었던 시절이었기 때문에 이 영상이 인기를 얻었던 것 같습니다.

첫 영상을 올렸던 2015년 당시 유튜브는 지금에 비해 다양한 채널이 존재하지 않았다. 특히 반려동물과 관련된 채널이 많지 않았던 시기, 고양이의 일상을 다양하게 보여주는 채널의 존재감은 작지 않았다. 배우 남기형이 처음 올린 41초짜리 영상이 당시에는 '차별화'를 지닌 영상이었던 것이다. 화질이 좋은 카메라로 찍은 것도 아니고, 자막과 같은 편집이 들어간 것도 아니었다. 실제 영상에 달린 "전설의 시작"이라는 댓글처럼, 이 영상은 현재 전설이 되었다. 이처럼 유튜브 세상에서는 다른 채널에서는 볼 수 없는 나만의 차별화 포인트가 필요한 것이다. 그리고 그 차별화는 경쟁이 치열해진 지금, 더욱더 많은 고민이 필요해졌다. 세월이 흐른 현재에는 예전보다 많은 동물 유튜브 채널이 존재하기 때문에, 〈Arirang〉 채널도 편집 효과와 기획 요소를 더해 운영하고 있다. 지금도 여전히 동물 유튜브 채널 중 높은 인기를 유지하는 비결은 다른 채널에서 보지 못하는 차별화 포인트가 있기 때문이다.

유튜브 채널에는 항상 '신선함'을 불어넣어야 한다

처음 채널을 시작할 때와 지금 가장 큰 차이점은 세 가지가 있습니다. 첫 번째, 채널 운영자인 저의 얼굴을 드러낸다는 점입니다. 유튜브 채널을 시작하고 구독자가 30만을 넘을 때까지도 얼굴을 공개한 적은 없었습니다. 채널 시작부터 고양이와의 즐거운 일상을 사람들에게 공유해 보자는 생각에서 진행한 것이었고, 배우라는 저의 '본캐'에 영향이 가는 것을 우려했기 때문입니다. 유튜브 크리에이터라는 이미지가 생기면, 다양한 캐릭터를 연기해야 하는 배우 생활에도 악영향이 미치면 어쩌지라는 생각을 했습니다. 그러나 유튜브 시장이 커지면서 다양한 직업을 가진 사람들이 동시에 크리에이터로서 활동하는 것이 자연스러운 시대가 된 것 같습니다. 이런 부분에 용기를 얻어 얼굴을 공개하게 되었습니다. 고양이와 집사의 일상을 보여주는 채널이기 때문에 집사인 저의 얼굴이 출연하는 것은 영상 흐름에도 더 적합했고, 구독자들의 반응도 좋았기 때문에 현재까지 지속적으로 얼굴을 공개하고 있습니다.

두 번째, 자막 삽입과 같은 편집을 본격적으로 적용하기 시작한 것입니다. 처음에는 편집 없이 고양이와의 일상을 그대로 업로드했습니다. 2년 전 약 30분 정도 분량의 유튜브 라이브를 진행한 적이 있는데, 그대로 업로드하는 것은 '재미' 요소가 부족할 것이라고 생각해 '편집' 요소를 넣었고, 그때부터 계속 편집을 했습니다. 가독성이 늘어나고 자막을 통해 '예능'적인 요소들이 추가되면서 구독자들의 좋은 반응을 얻었습니다. 돌이켜 보면 다양한 동물 관련 유튜브 채널이 늘어나는 상황에서도 지속적인 관심을 받게 된 요인이 되지 않았나 생각합니다.

세 번째, 출연자가 늘어난 점입니다. 처음에는 저와 아리만 출연했다가, 지금은 제 동생과 두 마리의 고양이가 더 출연합니다. 항상 집 안에서 고양이의 일상을 촬영하기 때문에 차별화가 필요한 시점이었는데,

아랑이는 정말 대다나다

조회수 9.1만회 · 2개월 전 #고양이 #아리랑 #cat

초창기와는 달리 '자막' 편집 효과를 통해 '예능적 요소'를 추가한 영상

자연스럽게 늘어난 출연자가 채널에 신선한 바람을 불어넣은 것 같습니다.

유튜브 채널에서 '발전'은 필수적인 요소라고 할 수 있다. 유튜브 세상에서 인기는 영원하지 않다. 인기를 얻는 것도 어렵지만, 그 인기를 유지하는 것은 더욱 많은 노력이 필요하다. 〈Arirang〉 채널은 유튜브 1세대 채널로서, 구독자 성장에 유리한 위치에 있었던 것은 사실이다. 그럼에도 불구하고 지금까지 인기를 유지하는 비결은 채널 본연의 정체성을 유지하면서도 발전을 거듭해 왔기 때문이다.

이 채널은 고양이가 주인공인 채널이기 때문에, 야외에서의 촬영은 어렵다. '집 안에서의 고양이 일상'을 주제로 영상을 좋아하는 구독자에게 기시감을 선사할 가능성도 크다. 이 때문에 출연자(신규 캐릭터의 등장), 영상의 시각적 효과(자막 삽입)를 통해 한계점을 상쇄할 수 있었다.

고양이들의 집사 얼굴이 공개되면서, 채널 내 캐릭터가 명확해 지는 효과가 있었다. 까칠한 고양이와 당하는 집사의 관계를 더욱 자연스럽게 보여주게 된 것이다. '고양이와 다이어트 중입니다'라 는 영상의 경우, 고양이와 함께 얼굴을 보여주며 다이어트 중이라 는 것을 화면으로 자연스럽게 드러냈다. 또한 고양이가 손을 물 때 집사의 생생한 표정을 통해 당하고 사는 캐릭터를 생생하게 전달할 수 있었다.

실제 키우는 고양이가 늘어나면서 자연스럽게 채널 내 새로운 고양이들이 등장하게 되었다. 까칠한 첫째, 뭐든지 받아주는 착한 둘째, 언제나 천진난만한 셋째의 캐릭터가 완성되면서 영상 내 캐 릭터들이 더 입체적으로 되었다. 이처럼 일상을 주제로 한 채널에 서 출연하는 캐릭터가 늘어나는 것은 채널에 신선함을 불어넣어 주 는 요소가 된다.

유튜브 채널을 운영하는 크리에이터라면 항상 '신선함'을 고민해 야 한다. 항상 같은 포맷과 자막 효과, 출연자만으로 채널을 운영한 다면 시청자도 금방 싫증을 낼 가능성이 크다. 〈Arirang〉 채널의 고 민도 마찬가지였다. 고양이의 일상을 똑같은 포맷으로만 만드는 것 만으로는 구독자가 계속 영상을 시청하게 만들 수 없었다. 채널의 주인이 관찰자에서 직접 화면 안에 등장하면서 고양이와 집사의 인터렉션이 일어나게 되고, 이러한 고양이와 주인의 '티키타카'는 신선함을 주었다. 또한 자막, 편집에 따라 재미도가 확연하게 달라지는 영상 특성상, 자막과 편집의 변화도 중요하다. 자막, 편집만으로도 완전히 다른 느낌의 영상을 선보일 수 있기 때문이다.

일상형 영상 기획의 핵심은 '자연스러움'이다

유튜브 채널을 운영하면서 다양한 시도를 했습니다. 그러나 제가 내린 영상 제작 방향성의 결론은 '힘을 빼고 자연스러움을 담자'입니다. 물론 이 결론은 모든 유튜브 채널에 적용되지는 않을 것입니다. 제 채널처럼 일상을 담는 영상은 억지스러움보다는 자연스러움이 중요한 것 같습니다. 자연스러움을 담은 가장 대표적인 사례는 고양이들을 목욕시키는 영상입니다.

고양이의 일상을 보여주는 채널 특성에 가장 부합한 기획이었기 때문에 높은 반응을 얻을 수 있었습니다. 특히 고양이들을 목욕시키는 것이 쉽지 않기 때문에, 이 과정에서 자연스럽게 나오는 상황 자체를 재미있게 봐주었던 것 같습니다. 반대로 철저하게 기획을 담은 영상은 크게 반응을 얻지는 못했습니다. 편집하던 시기 저희끼리는 '대박이다', '재미있다'는 반응이었는데, 결과는 그렇지 못했습니다. 여러 영상

'억지스러움'보다 '자연스러움'을 담아 많은 구독자의 사랑을 받았던 영상

을 제작하고, 이에 대한 반응을 경험하면서 '우리 채널에서 구독자들이 원하는 것은 무엇인가'에 대한 답을 얻을 수 있었습니다.

채널 콘셉트와 영상 기획은 연계되어야 한다. 고양이와 집사의 일상을 주요 소재로 한 채널이기 때문에, 자연스러움을 기획에 담는 것이 중요하다. '티격태격하는 집사와 고양이의 관계', '언제나 당하지만 그러한 현실을 잘 받아들이지 못하는 집사'라는 명확한 채널 내 캐릭터를 살리면서, 일상의 자연스러움이 녹아들었을 때 구독자가 원하는 영상이 탄생하는 것이다. 만약 영화 패러디처럼 철저한 기획이 필요한 코너를 추가하고 싶을 때는 우선 파일럿 프로그램으로 시도를 해보는 것이 좋다. 이를 통해 반응을 쌓은 후 채널을 분화해서 성격에 맞는 정규 코너를 운영하는 것이 적합하다.

꾸준한 채널의 정체성은 유튜브 구독을 부른다?

유튜브 채널 중 조회 수가 대박 난 영상들을 보유하고 있지만 구독자 수는 많지 않은 채널들을 본 적이 있을 것이다. 일부 영상들이 좋은 기획 혹은 트렌드 키워드에 맞는 소재를 통해 높은 인기를 얻었지만, 이 인기가 구독자 수로 이어지지 못해 생기는 현상이다. 그러면 어떤 채널은 영상의 인기가 구독자 수 증가로 이어지고, 어떤 채널은 그렇지 못할까? 그 핵심은 채널의 '정체성'에 있다.

제 채널은 처음부터 지금까지 '정체성'을 유지해 오고 있습니다. '집사와 고양이의 일상', '집사와 고양이의 관계에서 오는 재미' 등 채널의 핵심 뼈대를 지금까지 지켜오고 있습니다. 하지만 채널을 운영하는 입장에서 이러한 정체성을 지속해서 유지하는 것은 생각보다 쉽지 않습니다. 유행하는 소재가 있다면 채널의 정체성과 맞지 않음에도 이를 반영하고 싶은 유혹에 빠질 수도 있습니다. 중요한 포인트는 어떤 소재를 다루더라도 정체성을 헤치지 않는 선에서 해야 한다는 점입니다. '불닭볶음면'이 유행이라고 제 채널에서 이 라면을 먹고, 동생과 제가 갑자기 MBTI 검사를 진행한다면 이는 무리수가 될 수밖에 없을 것입니다.

아리스마

왔와..
어헉..

2:02

[아리명화] 아리 보안관 : 최후의 한발 The Sheriff ARI : The Last Shoot

기획 요소를 강조했지만, '자연스러움'을 선호하는 구독자의 특성과 맞지 않았던 영상

　내가 운영하는 채널에서 갑자기 한 영상이 유튜브 알고리즘의 선택을 받아 조회 수가 대박이 났다고 해보자. 이때 채널의 정체성은 빛을 발하게 된다. 대박이 난 영상을 재밌게 본 사람들은 자연스럽게 채널의 다른 영상들은 어떨지 볼 것이다. 〈Arirang〉 채널이라면 '고양이 목욕' 편에서 고양이들에게 당하는 집사의 캐릭터를 다른 영상들에서도 발견하는 것이다. 이 경우 비슷한 정체성을 가진 다른 영상들을 연이어 볼 확률이 높아진다. 반대로 전체의 정체성과 관련이 없는 영상이 대박이 나는 경우, 이는 채널 구독으로 이어지지 않는다. 재밌게 본 영상과 채널 내 다른 영상들의 특성이 전혀 다르기 때문에 해당 영상의 시청에만 그치게 되는 것이다. 채널 〈빠니보틀〉은 여행이라는 소재, 크리에이터의 캐릭터 등 일관된 정체

추가적인 캐릭터(여동생)의 출연을 통해 다양하게 시도했던 영상

성을 보여준 영상들의 인기가 채널의 인기로 이어진 대표적인 예이다. 이처럼 영상의 성공을 통해 채널 전체의 성공을 이루고 싶다면, 정체성을 무엇보다 소중하게 지켜야 한다.

유튜브 채널 운영은 '마라톤'을 하는 것과 같다

"구독자의 니즈를 파악해야 한다"라는 말을 많이들 합니다. 그러나 생각보다 구독자들이 무엇을 원하는지 정확히 아는 것은 쉽지 않습니다. 누군가가 저에게 '구독자 니즈 파악'의 비법을 묻는다면, "왕도는 없다. 다양한 시도를 통한 '영상의 아카이빙(그동안 제작된 영상을 잘 저장하고 분류해 인사이트를 뽑아내는 것'을 구축해야 하고, 여기서 인사이트를 뽑아내야 한다"라고 말합니다. 유튜브를 처음 시작할 때는 조바심이 날 수도 있습니다. 올리는 영상마다 대박이 났으면 좋겠다는 생각이 들 수도 있습니다. 그러나 장기적으로 봐야 합니다. 채널 정체성에 맞게 다양한 영상을 시도하고, 어느 정도 영상의 아카이빙이 구축되면 '내 채널에서 구독자들이 무엇을 원하는지' 정의해 나가야 합니다.

유튜브 채널을 운영하면서 가장 걱정스러웠던 부분은 영상의 소재와 포맷이 거의 비슷했기 때문에, 콘텐츠가 반복되는 느낌이 강한 점이었습니다. 구독자도 금세 싫증을 느끼면 어쩌나 하는 고민을 하곤 했습니다. 그래서 영화 패러디 형태의 포맷, 추가적인 캐릭터(여동생) 출연 등 다양하게 시도했습니다. 시간이 흘러 영상이 쌓이고, 영상에 대한 구독자들의 반응을 분석한 후 내린 결론은 '채널의 정체성을 유지하는 수준에서 자연스러움이라는 영상의 특성을 살리고, 이러한 틀 안에서 새로움을 추구하자'라는 것입니다.

생각한 것보다 구독자들은 제가 당하는 모습을 좋아했고, 고양이들의 편안한 일상을 좋아했습니다. 제 채널에서 갑자기 이러한 특성을 버리고 다른 방향의 기획을 이어갔다면 지금의 채널은 없었을 것입니다.

유튜브 채널 운영은 마라톤과 같다. 몇 개의 영상이 높은 조회수를 기록한다고 해서 바로 채널이 인기 궤도에 오르지 않는다. 그래서 장기적인 계획에 기반해 영상을 쌓아가면서 구독자들이 원하는 것을 세세하게 알아내는 것이 중요하다. 그래야만 채널의 장기적인 성공도 가능하다. 〈Arirang〉 채널이 7년 동안 장기적인 성공을 이룬 비결은 마라톤 선수처럼 일관되게, 그러면서도 문제점을 해결해 가면서 달려왔기 때문이다.

구독자의 댓글 속에는 '정답'이 숨어 있다

구독자들이 원하는 것을 빠르게 영상에 반영해서 좋은 결과를 얻은 적이 많습니다. 앞서 말씀드린 '고양이 목욕' 콘텐츠도 댓글에서 구독자들이 많이 요청했던 소재였습니다. 이러한 모습을 보면서 '아 사람들은 이러한 콘텐츠를 원하는구나!' 하는 것을 느꼈습니다. 또 영상을 업로드하고 다시 댓글을 보면서는 '아 사람들이 내가 힘들어하는 것을 좋아하는구나!' 하는 것을 깨달을 수 있었습니다.

그 외에도 다른 채널과의 컬래버**collaboration**(일시적으로 협업해 함께 작업하는 것을 의미한다. 최근 유튜브 채널 또는 외부 플랫폼 간 다양한 컬래버가 확장되는 추세이다)도 구독자의 의견을 반영해 진행했습니다. 〈아리둥절〉이라는 채널과 협업했는데, 이 채널은 저희 채널과 '동물 유튜브 채널', '반려동물의 이름이 같다는 점' 등 공통점이 많습니다. 그런 지점에서 함께 영상을 만들면 좋겠다는 의견들이 있었고, 이를 통해 실제 컬래버 영상을 만들었습니다. 그리고 구독자의 댓글에 기반해서 제작한 영상은 역시

많은 공통점이 있는 〈아리둥절〉 채널과 협업한 영상

나 높은 반응을 불러일으켰습니다.

구독자가 원하는 것을 파악하는 방법은 여러 가지가 있겠지만, 가장 빠르고 효과적인 방법 중 하나는 댓글 내용이다. 댓글은 개선점을 말해주기도 하지만, 동시에 다음 영상에 대한 아이디어를 던져주기도 한다. 그래서 예민하게 구독자 댓글 반응을 잘 살펴서 이를 영상 기획에 반영하는 것이 중요하다. 소재, 포맷, 그리고 협업을 원하는 채널 등 이러한 세세한 정보들이 댓글에 있다. 실제 〈Arirang〉 채널은 댓글 속에서 구독자가 원하는 것을 정확히 캐치했고 그 덕분에 모두가 만족하는 영상을 기획할 수 있었다.

유튜브 영상 기획은 '자아 표출'이다

크리에이터들이 유튜브를 통해 창작 활동을 펼치는 이유는 자아를 표출하고 싶어서라고 생각합니다. 표현 방식은 다르겠지만 결국 '자신이 좋아하는 것'으로 콘텐츠를 만들듯 자아를 기획에 녹여 표출하고자 하는 것이 중요하다고 생각합니다. 저도 제가 제작하는 유튜브 영상들은 모두 제가 진짜 좋아하는 모습을 담으려고 합니다. 고양이랑 노는 것 자체가 재밌고, 고양이 반응을 보면서 재밌어하는 제 모습도 좋아합니다. 저는 좋아하는 것들을 담기 위해 유튜브 크리에이터로서 활동하고 있고, 제 영상들 속에는 제가 녹아 있습니다. 만약 저에게 '제 자아가 담기지 않은, 제가 싫어하는 것들을 담은 영상'을 제작하라고 한다면 저는 영상을 만들지 않을 것 같습니다. 앞으로도 이러한 자아 표출을 위해 유튜브 영상을 기획하고 제작해 나갈 생각입니다.

호감 가는 목소리는 강력한 무기다

〈귀멸의 칼날〉 남자 주인공이 유튜브를 한다면?

좋은 발음과 발성, 다양한 캐릭터를 보여주는 연기력, 그리고 어디선가 들어본 것 같은 유명한 목소리. 이러한 조건을 갖춘 사람이 유튜브에 도전한다면? 물론 좋은 기획력을 갖춰야 하겠지만, 유튜브에서의 성공 가능성은 크다고 볼 수 있을 것이다. 이러한 조건을 갖춘 사람들이 바로 '성우들'이다. 지금은 성우들의 유튜브 전성시대이다. 인기 TV 프로그램 〈유퀴즈〉에 출연해 화제가 된 성우 김보민의 〈쓰복만〉 채널은 유명 드라마 〈펜트하우스〉, 〈SKY 캐슬〉 등 주요 캐릭터의 성대모사를 통해 높은 인기를 얻고 있다. 〈남도형의

성우 발성, 더빙, 노래 커버 등 다양한 콘텐츠를 제공하는 〈혜성특급 성우 김혜성〉 채널

블루클럽〉은 성우 남도형이 게임을 직접 플레이하면서 더빙하는 방송으로 인기 있다. 성우들의 인기가 높은 일본 성우들도 유튜브에 도전하고 있다. 카야노 아이라는 성우는 다양한 일본주 '먹방'으로 인기를 얻고 있고, 인기 애니 〈귀멸의 칼날〉의 주인공 성우 하나에 나츠키는 약 구독자 200만 명을 보유할 정도로 파워 크리에이터로 활동하고 있다.

앞서 언급한 대로 성우들의 유튜브 크리에이터 도전은 자연스러운 흐름이다. 무엇보다 익숙한 목소리라는 요소를 갖추고 있기 때문이다. 유명 성우는 인기 캐릭터 그 자체로 느껴지기도 한다. 〈귀멸의 칼날〉은 일본 극장판 애니메이션 역대 1위의 흥행 실적이 있을 정도로 2021년 가장 화제가 되었던 애니메이션이다. 이러한 작품의 주인공을 맡은 성우가 유튜브를 하면 자연스럽게 팬들이 관심을 갖게 되는 효과가 있다. 또한 기본기(발음과 발성 등), 연기력을 기반으로 다양한 콘텐츠 제작이 가능하다. 〈쓰복만〉 채널처럼 성대모사 콘텐츠, 〈남도형의 블루클럽〉처럼 게임을 하면서 캐릭터의 목소리를 더빙하는 콘텐츠 등 일반인들이 하기 어려운 콘텐츠 제작이 가능한 것이 성우 유튜브 채널의 강점이다.

과거에는 〈겐지혜성TV〉 채널을 운영했고, 현재는 〈혜성특급 성우 김혜성〉 채널을 운영하는 성우 김혜성도 마찬가지이다. 인기 게임 〈오버워치〉의 캐릭터 겐지를 연기한 경험을 바탕으로 게임 방송을 같이하면서 더빙하는 콘텐츠를 제작하기도 하고, 다양한 애니메이션 캐릭터를 성대모사 하기도 한다. 여기에 커버곡 콘텐츠까지 말 그대로 할 수 있는 콘텐츠가 다양하다.

하나에 나츠키의 유튜브 채널이 〈귀멸의 칼날〉의 인기 효과에 영향을 받는 것처럼, 수많은 〈오버워치〉 팬들은 겐지의 목소리를 듣기 위해 이 채널에 관심을 갖게 된다. 그러다가 성우 김혜성이 가진 다양한 매력과 콘텐츠에 빠져들면서 구독하는 것이다. 유튜브를 처음 시작하는 일반인의 관점에서는 그들이 지닌 강점이 부러울 수도 있을 것이다. 그만큼 재능과 전문성을 지닌 사람이 유튜브를 하게 되면 유리한 요소들이 있는 것은 분명하다.

유명 캐릭터가 때로는 독이 된다?

김혜성은 유튜브를 빠르게 시작한 성우들 중 한 명이다. 성우 유튜버 1세대인 그는 아프리카TV를 시작하며 인터넷 방송에 입문했다. 그리고 2016년 〈오버워치〉의 겐지 캐릭터를 살린 유튜브 방송을 시작하게 된다.

2년의 전속 성우 기간이 지나고 프리랜서가 되었을 때(2015년), 사실 시간이 많이 남았습니다. 막 프리랜서가 된 시기였기 때문에 일이 많이 들어오지 않았던 시절이었습니다. 그래서 무엇을 할까 생각하던 중 당시 인기를 끌던 아프리카TV에서 라이브 방송했습니다. 그때 유튜브 채널 〈PlayersCUT〉에서 출연 제안을 받고 시작하게 되었습니다(2016년). 주로 게임 〈오버워치〉 겐지의 캐릭터 목소리를 살린 방송이 많았습니다. 또한 〈오버워치〉의 성우들 인터뷰를 통해 높은 구독자 반응을 얻었습니다.

그러나 유튜브에서 많은 인기를 얻었지만 성우 본업에 부담이 되는 부분도 있었습니다. 겐지라는 캐릭터로 활동하다 보니, 성우로서 이미지 소비가 너무 컸고 '나중에 역할이 제한되면 어쩌지'라는 생각이 들기도 했습니다. 결혼을 하게 되면서 개인적으로 더 바빠지기도 했고요. 그래서 당시 유튜브 활동을 중단하게 되었습니다. 그러던 와중 결혼 후 저의 근황을 궁금해하는 사람들이 많았고, 편안하게 개인 취미 채널로 운영하면 어떨까 해서 지금의 〈혜성특급 성우 김혜성〉 채널을 2019년에 개설하게 되었습니다. 현재 제 개인 채널은 취미 채널에 가깝다고 보면 될 것 같습니다.

　성우가 유튜브를 하는 경우 분명 많은 강점이 존재한다. 특히 본인이 연기한 인기 캐릭터를 유튜브에서 활용한다면 다양한 콘텐츠 제작이 가능해진다. 해당 캐릭터 목소리를 개인 방송에 활용한다면 매일 라이브 방송 진행이 가능하다. 게임 〈오버워치〉를 구독자들과 함께 라이브로 한다면, 인기 캐릭터와 같이 게임하는 느낌을 구독자들에게 전달할 수도 있다. 그리고 〈오버워치〉의 다양한 캐릭터를 맡은 성우들과 협업 콘텐츠 제작도 가능하다.

　그러나 단점도 동시에 존재한다. 해당 캐릭터를 활용한 영상 콘텐츠를 지속적으로 만드는 경우, 캐릭터 이미지가 너무 크게 박혀 다른 성격의 캐릭터를 할 수 없게 될 가능성이 있는 것이다. 성우는 다양한 캐릭터를 소화해야 하는 직업이기 때문에, 하나의 캐릭터 이미지가 너무 강한 것은 동시에 독이 될 수 있다. 이 때문에 많은 성우가 유명 캐릭터를 활용하는 동시에 성대모사, 일상 브이로그, 취미 체험 등 다양한 콘텐츠를 제작하면서 이러한 위험을 극복한다.

유튜브 기획의 조건 1:
구독자들이 가장 원하는 것을 콘텐츠로 기획하자

2016년부터 2017년까지 운영되었던 〈겐지혜성TV〉는 구독자들에게 큰 사랑을 받았습니다. 채널명에서도 알 수 있듯이, 당시 겐지 캐릭터를 적극적으로 활용한 콘텐츠들이 주를 이루었는데요. 방송에서 〈오버워치〉 게임을 하다가 사람들에게 "제가 '겐지'의 성우입니다"라고 밝혔을 때 이에 대한 사람들의 반응을 담은 영상이 가장 기억에 남습니다. '성대모사를 잘한다'는 사람들의 말에 어이없어하는 제 반응이 시청자들에게는 재밌게 느껴졌던 것 같습니다. 이처럼 연출된 상황이 아니라 '김혜성'이라는 성우가 망가지고, 무너지는 모습을 사람들은 많이 원하는 것 같습니다. 자연스러움이 중요한 유튜브 세계에서 이러한 콘텐츠는 사랑받을 확률이 높은 것 같습니다.

〈오버워치〉 성우들과 단순히 인터뷰를 하는 것이 아니라 함께 콩트를 찍기도 하면서 팬들에게 즐거움을 선사했습니다. 구독자들이 '내가 좋아하는 만화와 게임의 캐릭터들이 이런 것도 하네'라는 의외성에 니즈가 있다는 것을 파악했고, 이를 콘텐츠로 기획하기도 했습니다. 예를 들어 〈오버워치〉 성우들이 캐릭터를 연기하면서 '탕수육은 부먹이냐, 찍먹이냐'를 주제로 영상을 찍은 것이 대표적입니다. 형과 동생의 캐릭터를 살려서 형제가 탕수육을 주제로 싸우는 패러디 더빙 영상을 제작했습니다. '오리지널' 성우들이 재밌게 패러디한, 의외성이 담긴 영상에서 높은 반응을 이끌어낼 수 있었습니다.

유튜브 기획의 가장 중요한 포인트는 나의 장점과 고객의 니즈를 녹여 어떤 콘텐츠를 기획하는 것이 가장 큰 반응을 얻을 것인가라는 고민에서 시작한다. 성우 김혜성은 캐릭터의 인기, 연기력, 성우 섭외력 등의 장점과 구독자들이 자신에게 무엇을 원하는지에 대한 고민을 영상 기획에 넣었다. 그 결과가 '성우 김혜성이 망가지는 모습을 보여주기', '유명 캐릭터의 성우들에게 의외성 높은 상황 설정하기'를 주요 포인트로 잡고 기획에 녹여 제작했다. 아무리 성우라는 직업이 많은 장점을 갖고 있다지만, 유튜브에 맞는 기획이 자연스럽게 녹아들지 않는다면 지속적인 인기를 얻기는 어렵다. 이때문에 성우처럼 뭔가 특별한 장기를 갖지 않아도 참신한 기획력을

'탕수육은 부먹이냐, 찍먹이냐'를 주제로 패러디한 '오버워치' 영상
출처: 〈PlayersCUT〉

통해 이를 극복할 수 있는 곳이 바로 유튜브 세계이기도 하다.

유튜브 기획이 '참 알 수 없다', '쉽지만은 않다'라고 느꼈던 부분은 의도하지 않은 콘텐츠가 대박이 나고, 공을 많이 들인 콘텐츠가 반대로 반응이 없을 때인 것 같습니다. 앞서 말씀드린 대로 크게 고민하지 않은, 게임 중 '겐지의 성우다'라고 밝힌 콘텐츠가 대박이 난 경우가 있지만, 오랜 시간 기획한 게임 소개 인터뷰는 상대적으로 사랑을 받지 못했습니다. 그때 '아 너무 힘을 주고 생각이 많아도 좋지 않겠구나' 하는 생각을 했습니다. 그래서 유튜브를 시작하는 사람들에게 하고 싶은 이야기는 우선 '다양하게 찍어서 많이 올리고, 하고 싶은 것을 해라'입니다. 그러면서 구독자들이 원하는 것을 파악하고, 이를 다시 영상 기획에 반영해야 합니다. 너무 많은 고민을 하느라 한 편에 많은 에너지와 시간을 쓰고도 반응이 없을 수 있습니다. 그렇기에 일부 콘텐츠는 힘을 빼고 자신이 하고 싶고, 망가질 수 있는 기획을 하고 제작해 보세요.

성우 김혜성의 말처럼 유튜브 기획은 '참 알 수 없는' 부분이 있다. 특히 채널 운영 초반에 다양한 기획을 시도해 보면서 구독자들의 니즈를 파악하고, 점차 채널의 영상 라인업을 정립해 나가는 것이 중요하다. 김혜성도 채널 운영 초기 다양한 기획을 시도한 후, 그 과정에서 얻은 인사이트를 기반으로 성우 인터뷰, 게임 라이브, 실시간 더빙 라인업을 정립할 수 있었다. 현재 운영하는 채널도 이러

한 경험을 바탕으로 게임 라이브, 더빙, 커버곡 콘텐츠 카테고리를
정해 정기적으로 영상을 제작한다.

유튜브 기획의 조건 2:
채널 특징에 맞는 캐릭터 구축하기

유튜브 기획 시 크리에이터 캐릭터는 중요한 조건이 된다. '어떤
캐릭터를 가져가느냐'에 따라 기획 방향도 달라질 수밖에 없다. 성
우 김혜성은 채널 내 자신만의 캐릭터를 구축했고, 이를 영상 기획
에 녹이면서 시너지를 낼 수 있었다.

제가 가장 중요하게 여기는 유튜브 크리에이터로서의 캐릭터는 '솔직
함'입니다. 게임 방송을 할 때도 담백하고 솔직한 반응이 담겨야 하기
에 제가 진짜 좋아하고, 하고 싶은 게임을 위주로 진행하는 편입니다.
그리고 최근에 유행하는 게임으로 방송을 하는 경우에도 "유행하는 게
임인데 PD가 하라고 해서 하는 겁니다"라고 말하며 정말 솔직하게 구
독자와 소통하려고 합니다.
솔직함에 기반한 또 다른 캐릭터는 '같이 게임하는 동네 형'인 것 같습
니다. 제가 게임을 엄청나게 잘하는 편이 아니기 때문에 '게임 못하는
형'과 편안하게 같이 게임한다는 부분에 구독자들이 좋게 생각하는 것

같습니다. 오히려 구독자들이 저한테 게임에 대해서 많이 알려주고, 이를 기반으로 소통을 이어가는 편입니다. 이러한 부분이 구독자와 저의 벽을 없애주는 것 같아요. 그래서 '친근하고 솔직한' 캐릭터인 제가, 망가지는 모습을 보였을 때 구독자들이 큰 반응을 보여주는 게 아닐까 하고 생각합니다.

유튜브 크리에이터의 캐릭터는 하루아침에 만들어지지 않는다. 채널 특성에 따라 자신의 캐릭터를 설정하고 장기간 구축해 나가야 한다. 그리고 구독자에게 인식된 캐릭터가 좋은 기획을 만났을 때 '대박 콘텐츠'가 만들어지는 것이다. 콩트형 콘텐츠가 아닌 이상 자신의 실제 캐릭터를 유튜브 기획에 반영하는 것이 좋다. 일상 브이로그 같은 콘텐츠의 경우 솔직한 본인을 내보이는 것이 자연스럽고 구독자에게도 사랑받을 수 있기 때문이다. 반대로 〈피식대학〉채널은 '이호창 본부장'처럼 새로운 캐릭터를 창출하고, 그에 맞는 기획을 만들며 캐릭터를 내보여야 한다.

유튜브 기획의 조건 3: 콘텐츠의 새로운 조합, 나만의 디테일이 차별화가 될 수 있다?

유튜브 기획의 중요한 요소 중 하나는 '차별화'이다. 수많은 사람이 유튜브에 도전하면서 경쟁이 치열해진 상황이다. 이 때문에 비슷한 기획은 구독자의 선택을 받는 데 한계가 있다. 다른 채널과는 다른 나만의 차별화가 필요한 이유이다. 유튜브 채널에서 차별화는 어떻게 생길까?

첫째, 직업 자체가 차별화 포인트를 주는 경우이다. 유튜브에서 흔히 볼 수 없는 직업을 지닌 사람들은 그 자체로 차별화를 줄 수 있다. 변호사, 의사 등 전문성이 있는 사람들이 유튜브에 도전하던 초기에는 그 자체로 신선함을 줄 수 있었다. 처음에는 변호사라는 전문성만으로도 차별화가 있었다면, 그 이후에는 사건, 저작권 등 전공 분야로 세분화되었다. 그다음에는 일상, 상담 등 포맷 측면에서도 새로운 차별점을 갖춘 '변호사' 채널들이 생겨나기 시작했다. 한 예로 변호사의 법률 지식과 관련된 채널이 많던 시기, 〈킴변 KIMBYUN〉채널은 변호사의 일상을 다룬다는 측면에서 신선함을 안겨주었다.

성우 김혜성이 유튜브를 처음 시작하던 시기에는 성우가 유튜브를 하는 것만으로도 차별화 포인트가 있었다.

당시 성우가 유튜브를 하는 것도 흔치 않았습니다. 이 때문에 성우 유튜버 콘텐츠들이 구독자들에게 신선하게 다가갔던 것 같습니다. 성우의 일상을 보여주고, 연기한 캐릭터를 유튜브 콘텐츠로 보여주는 것 등 모든 것이 새로울 수밖에 없었습니다. 최근에는 〈쓰복만〉, 〈이용신

TV〉, 〈홍쇼〉 등 성우들의 다양한 콘텐츠가 제작되고 있습니다. 지금의 제 채널은 '성우 유튜버 채널'이라는 콘셉트만으로는 이제 차별성이 없는 거죠. 다양한 채널이 생기고 있는 만큼, 그 안에서 세부적인 차별화 포인트를 만들기 위해 노력하고 있습니다.

이처럼 성우 유튜브 채널도 다양한 채널이 등장하면서 새로운 차별화 포인트를 찾아야 하는 상황이 되었다. 아직 유튜브에 보이지 않는 새로운 직업이라면, 도전만으로도 경쟁력을 갖출 수도 있다. 물론 이는 채널 운영 초반에 국한된 일이고, 지속적으로 경쟁 채널이 생기게 되면 기획의 차별성을 더욱 고민해야만 하는 것이다.

둘째, 콘텐츠의 조합이 차별화 포인트를 주는 경우이다. 예로 성우가 유명인을 성대모사하거나 노래를 부르거나 '병맛 더빙'을 하는 등의 콘텐츠처럼 '어떤 콘텐츠와 융합하는가'에서 오는 차별점이다. 성우가 본연의 업무인 더빙 콘텐츠만 하는 것은 장기적으로 인기를 얻기 어렵다. 성우라는 특성 위에 게임, 성대모사, 일상, 노래 콘텐츠를 자연스럽게 섞어야 한다. 이러한 융합에서 오는 차별점은 지속적으로 구독자의 눈길을 끌 확률이 높다.

이는 성우뿐만 아니라 여러 분야에도 적용될 수 있다. 채널 〈팔로잉美〉는 성형외과 의사의 전문 지식과 아이돌 콘텐츠를 결합했다. 닮은꼴 연예인들을 전문적인 성형 외과적 지식에 기반해 이야기한다. 단순히 성형외과 의사로서 전문 지식을 말하기보다는 아이돌이라는 소재와 결합해 새로운 차별점을 얻은 것이다.

셋째, 사회적으로 유행하는 아이템에 나만의 '디테일'을 더하는 것이다. 최근 코로나19의 영향으로 마스크 꾸미기가 유행이다. 이 경우 대부분의 콘텐츠는 마스크를 어떻게 꾸미는 것이 좋을지에 집중할 것이다. 이때 '총 500원으로 마스크 꾸미기', '초저가로 스트랩 만드는 법' 등 가격과 아이템 등으로 차별화를 만들 수 있다. 홈트레이닝 소재도 마찬가지이다. 대부분 홈트 자체에 집중할 때, '운동 효과를 보장하는 음악 추천', '가성비 홈트 제품 추천', '장비 없이 하는 홈트' 등 디테일을 첨가할 수 있다. 이는 유튜브 알고리즘에 유리한 인기 있는 소재를 활용하면서도, 차별화를 통해 성공 가능성을 높이는 전략이라고 할 수 있다.

철저한 기획으로 승부하는
개그 유튜브 크리에이터

대기업을 다니던 회사원, 유튜브 PD가 되다

〈1등 미디어〉는 김재희 PD와 개그맨 출신 김성기, 신홍재가 운영하는 개그 콩트 채널이다. '문과 1등', '이과 1등'이라는 이미지를 씌운 두 명의 캐릭터를 기반으로 다양한 콘텐츠를 제작하고 있다. 철저하게 기획된 캐릭터와 스토리를 갖고 영상을 만들기 때문에, 기존 방송국 콘텐츠를 유튜브 버전으로 제작한다고 볼 수 있다. 실제로 〈웃찾사〉의 인기 코너 '문과이과'가 종영된 후, 유튜브에서 해당 콘셉트를 기반으로 영상을 만들고 있다. 주요 타깃은 10대로, 일상에서 파괴되는 언어와 태도 등을 고쳐주는 것이 이 채널에 들어 있는 중요한 메시지 중 하나이다.

〈1등 미디어〉의 김재희 PD는 대기업을 다니다가 유튜브 세계로 뛰어들었다. 회사에서 우연히 마케팅 업무를 하게 되었고, 그때 영상을 직접 촬영하면서 소질을 찾게 되었다. 그 후로 그는 본격적으로 영상을 제작했다. 여자 친구와 여행하는 영상을 제작해 페이스북에 업로드했는데, 한 여행 전문 커뮤니티에서 높은 조회 수를 기록하기도 했다. 그러던 중 지금의 〈1등 미디어〉 개그맨들을 소개받았고, 유튜브 채널을 시작하려는 그들의 니즈와 김재희 PD의 도전의식이 만나 본격적인 유튜브 PD로서 발돋움했다.

처음부터 꼭 유튜브를 해야 한다고 생각하지는 않았어요. 그리고 당시에는 페이스북이 더 중요한 플랫폼이기도 했으니까요. 그러던 중 기획 콘텐츠를 유튜브에 올렸는데 3일 만에 80만 조회 수를 넘기면서 대박이 났습니다. 2017년 여름, 그때부터 본격적으로 유튜브 콘텐츠에 뛰어들었습니다.

유튜브는 가장 치열한 콘텐츠 전쟁터

〈1등 미디어〉는 벌써 6년째 운영되는 채널이다. "유튜브 세계의 1년은 현실 세계의 10년과 같다"라는 말이 있는 것처럼, 유튜브는 대세 트렌드가 빠르게 변화하는 곳이다. 〈1등 미디어〉도 그 과정에서 다양한 경험을 거쳐왔다.

채널 운영 초기 1년은 두 명의 개그맨과 PD인 제 역할이 굉장히 분업화되어 있었습니다. 기획과 연기는 개그맨들이 촬영과 편집은 제가 주로 맡아서 진행했습니다. 채널 운영 후 1~2년이 지났을 때부터 채널 간의 경쟁이 더욱 치열해졌습니다. 개그맨들의 채널이 본격적으로 생겼고, 그 외 다양한 채널들이 저희와 직간접적인 경쟁 관계에 놓일 수밖에 없었습니다. 그때부터 세 명의 멤버가 전 과정을 함께해야 한다는 필요성을 느끼게 되었고, 사무실을 따로 얻어 기획부터 함께 고민하면서 콘텐츠를 제작했습니다.

앞에서 말했듯 유튜브 1세대의 경우 '상대적으로' 경쟁이 치열하지 않았다. 그러나 유튜브가 가장 중요한 콘텐츠 플랫폼으로 떠오르면서 다양한 채널이 생겨났다. 특히 방송국의 공개 개그 프로그램들이 사라지면서, 개그맨들의 유튜브 진출이 늘어난 것이다. 그 외 방송국, 전문가 집단, 세분화된 개인 채널들이 폭발적으로 늘어나면서 경쟁은 치열해지고 있다.

최근 유튜브 인기 차트의 경우 기존 방송국에서 제작한 콘텐츠들이 높은 순위를 대다수 차지하는 것을 볼 수 있습니다. 〈무한도전〉처럼 인기 프로그램을 유튜브에 맞게 짧게 편집한 〈오분순삭〉, TV 방송과 연계된 〈채널 십오야〉 등 높은 인지도와 제작 능력을 바탕으로 사랑받고 있습니다. 2017년만 해도 경쟁 채널이 많지 않았는데, 지금은 저희도 더욱 노력해야겠다고 생각합니다.

유튜브는 현재 가장 치열한 콘텐츠 전쟁터이다. 그래서 크리에이터로 살아남기가 더더욱 어려워진 것이 현실이다. 유튜브 초기에는 개인 크리에이터들이 운영하는 채널이 대다수였다. 그러나 유튜브가 가장 핫한 콘텐츠 플랫폼으로 떠오르면서 방송국, 기업, 연예인, 셀럽, 운동선수 등 여러 분야의 전문가들이 유튜브에 뛰어들었다. 이 때문에 내 채널만의 기획력, 연기력, 캐릭터 등 차별화된 무기가 없는 채널은 생존 위협을 받는 상황에 이르게 된 것이다.

유튜브 기획 포인트 1: 핫한 소재를 내 채널만의 차별점으로 녹여내기

가장 조회 수가 좋았던 영상은 3일 동안 80만 조회 수를 기록한 롤 게임을 하는 영상입니다. 당시 이 게임을 소재로 유튜브 영상을 제작하는 것이 붐이었습니다. 게임 자체를 리뷰하는 콘텐츠가 대다수였습니다. 그러나 우리의 차별점은 게임과 콩트를 접목했다는 점입니다. 이처럼 채널의 강점과 인기가 높은 트렌드와의 결합처럼 새로운 시도와 차별화가 구독자에게 사랑받는 중요한 포인트인 것 같습니다. 확실히 대세인 소재를 타이밍에 맞게 빠르게 제작하는 것은 도움이 된다고 생각해요. "거인의 어깨에 올라타라"는 말처럼 중요한 이슈를 타이밍 맞게 제작하는 것만으로도 조회 수 측면에서 유리해질 수 있습니다.

기본적으로 이슈가 되는 소재는 더 많은 조회 수를 기록할 확률을 높여준다. 그러나 핫한 아이템이라고 해서 무조건 인기를 얻는다는 법은 없다. 유행하는 소재는 그만큼 경쟁이 치열하다는 의미가 되기도 하기 때문이다. 유튜브 기획의 중요한 포인트는 트렌디한 소재와 채널의 강점과의 결합이다. 그리고 이에 기반한 차별화 포인트를 만드는 것이 중요하다. '불닭볶음면'이 국내외 유튜브 이

게임과 콩트를 접목해 성공적인 '차별화'로 많은 사랑을 받았던 '롤 일대일 대결' 영상

용자들에게 가장 화제였던 시절 초기에는 단순한 먹방이 인기를 끌었다. 그러나 다양한 채널에서 해당 소재로 영상을 제작하면서 차별화 포인트가 만들어졌다. 〈영국남자〉 채널에서는 불닭볶음면을 먹은 외국인들의 반응으로 높은 조회 수를 기록했다. 한일 커플 일상 채널인 〈토모토모〉는 한국과 일본의 매운맛 1위 라면을 비교했다. 푸드 애니메이션 채널 〈푸니〉는 '불닭볶음면 편의점 먹방'을 애니메이션 콘텐츠로 제작했다. 영상들의 공통점은 불닭볶음면이라는 동일한 소재를 채널별 특성에 맞게 녹여 차별점을 만들어냈다는 것에 있다. 치열한 유튜브 세계에서 단순히 인기 많은 소재를 활용하는 것에 그쳐서는 사랑을 받을 수 없을 것이다.

이 때문에 크리에이터는 현재 어떤 소재가 가장 유행하는지를 공부해야 한다. 여기에 더해 어떤 소재가 내 채널에 잘 맞을까도 고민해야 한다. 아무리 유행하는 소재라 할지라도 채널의 특성과 맞지 않는다면, 시청자의 눈길을 사로잡을 수 없기 때문이다. 항상 트렌드를 찾고 고민하는 것이 크리에이터로서 살아남는 필수 조건이다.

유튜브 기획 포인트 2:
"무엇을 개선해야 할까?" 항상 질문 던지기

유튜브를 기획하는 데 중요한 점은 '이미 제작한 영상들의 아쉬운 점을 객관적으로 바라보는 것'입니다. 저희는 영상을 올린 후 유튜브 스튜디오의 주요 수치, 댓글 등을 분석하고, 개선할 점이 있다면 다음 영상에 반영하려고 합니다. 가장 대표적인 사례는 바로 '전설의 타짜 3인방' 콘텐츠입니다. 해당 콘텐츠는 기존과는 다른 새로운 도전을 많이 했던 영상입니다. 드라마적인 요소를 넣은 형태로 시리즈 영상을 완결성 있게 기획해 제작했다는 점이 가장 큰 장점입니다. 이러한 새로운 시도는 구독자들에게도 좋은 평가를 받았습니다. 저희도 새로운 도전을 위해 기획에 많은 힘을 들인 콘텐츠였습니다. 동시에 아쉬운 점도 있었습니다. 첫 번째는 채널의 메인 타깃과 타짜라는 소재가 잘 맞지 않았던 점입니다. 채널의 주요 타깃층은 초, 중, 고등학생인 10대입니다. 10대들에게 〈타짜〉라는 영화의 인지도가 상대적으로 높지 않다는 한계점이 있다고 판단했습니다. 또한 기본적으로 개그 콘텐츠인데 너무 진지하지 않나 하는 내부 반성이 있었습니다. 이후 영상 기획 시 주 타깃에 적합한 콘텐츠 소재 선정, 개그 콘텐츠에 맞는 영상 기획 등 다양한 요소를 고려하게 되었습니다.

유튜브 영상을 기획하는 데 '돌아보는 시간'을 갖는 것은 필수적이다. 이미 제작한 영상의 분석을 통해 장단점을 뽑아내 다음 영상 기획에 반영해야 한다. 조회 수가 많이 나온 영상의 경우 성공 공식을 뽑아내야 한다. '메인 타깃에 적합한 기획', '최신 유행 소재의 활용' 등 성공의 이유를 찾아내고 이후 영상에도 적극적으로 반영해야 하는 것이다. 반대로 항상 아쉬운 점도 고민해야 한다. 이러한 반성의 시간은 다음 영상의 성공으로 이어질 수 있는 것이다. 〈1등 미디어〉가 5년째 채널을 성공적으로 운영할 수 있었던 이유는 바로 이러한 노력 덕분이라고 할 수 있다. 영상 한 편이 100만 조회 수 이상의 성공을 이루거나, 기대한 것과 다르게 조회 수도 댓글의 반응도 좋지 않다고 해서 '일희일비'할 필요는 없는 것이다. 유튜브 채널 운영은 장기 레이스이다. 장기적으로 성공과 실패의 이유를 분석하고 반영하는 것만이 지름길이다.

유튜브 기획 포인트 3:
기획 회의도 팀워크가 필요하다

〈1등 미디어〉는 사무실을 얻어서 영상 제작의 전 과정을 최대한 함께 논의합니다. 채널 운영 초반 기획 회의에 참여하지 않았었기 때문에, 개그맨들이 영상을 기획할 때 어떤 시선으로 바라보는지에 대해 잘 몰랐던 것 같습니다. 기획 회의를 함께 진행하고 서로의 시선을 이해하면서 좀 더 시너지가 나는 방향으로 회의를 진행하게 되었습니다.

기본적으로 기획은 두 명의 개그맨이 메인으로 진행하지만, 저도 함께 참여하고 있습니다. 아이디어 회의할 때 우선 저는 아이디어를 자유롭게 던지는 편입니다. 말 그대로 브레인스토밍에 맞게 생각나는 대로 입밖으로 아이디어를 꺼내는 편입니다. 그리고 개그맨들은 의견을 생각 나는 대로 말하는 것이 아니라 깊이 생각한 후 아이디어를 던지는 경향이 있습니다. 그래서 두 명의 개그맨 중 한 명은 전체 의견을 수집해서 정리하는 역할을 하고, 다른 한 명은 리액션을 통해 회의 분위기를 좋게 하는 편입니다. 이렇게 세 명의 상성이 잘 맞는 것, 바로 팀워크가 좋은 것이 일하는 과정도 즐겁고 좋은 결과도 내게 한다고 생각합니다.

유튜브 채널을 여러 사람과 함께 운영하는 경우 팀워크가 중요하다. 〈1등 미디어〉처럼 서로의 특성에 맞게 회의에서 역할을 나누는 것이 필요하다. 이러한 팀워크는 하루아침에 이루어지기에는 한계가 있다. 이 때문에 서로의 특성에 맞춰 회의를 진행해야 한다. 단순히 기획만 아니라 영상 제작 전반에서도 팀워크는 중요하다. 이를 위해 전 과정에서의 역할을 어떻게 나누고 협업하는지를 디테일하게 정해야 한다.

〈1등 미디어〉 채널은 두 명의 개그맨이 기획과 대본 작성을 메인으로 진행하고, PD가 중점적으로 촬영과 편집을 맡아 진행하는 식이다. 콩트 형태이기 때문에 대본을 상세하게 작성하고, 애드리브는 현장에서 PD와 함께 논의해서 반영한다. PD는 크리에이터가 정리한 대본을 기반으로 어떻게 촬영할지 고민해서 진행한다. 이렇게 명확하게 과정별 역할이 정해져 있기에 제작 속도도 일정하게 유지되고, 시너지도 나는 구조를 갖추고 있다. 반대로 각 과정별로 역할

구분이 모호한 경우 팀워크가 좋을 수 없고, 이 경우 정기적인 제작 속도와 영상의 질을 보장할 수 없는 경우가 생길 수 있다. 팀워크를 아무리 강조해도 지나치지 않는 이유이다.

유튜브 기획 포인트 4:
게스트의 특성을 기획에 반영하라

저희 채널의 기본적인 출연자는 두 명의 개그맨입니다. 문과 1등과 이과 1등의 캐릭터가 고정적으로 나오기 때문에, 기본적인 기획은 출연자 두 명에 맞게 진행합니다. 그러나 채널을 운영하다 보면, 게스트의 존재는 채널에 신선함을 불어넣어 주게 됩니다. 이 때문에 정기적으로 게스트들이 저희 채널에 출연합니다. 아무래도 주 출연자가 남성이기 때문에 여성 게스트가 출연하는 경우, 균형감을 맞추는 측면에서 장점도 있습니다. 개그우먼 김진주 님이 저희 채널에 출연해서 '썸'을 주제로 한 영상에 출연한 적이 있습니다. 콘텐츠 방향이 기존 영상들과 다른 측면에서 구독자에게 새로움을 선사할 수 있었습니다.

게스트가 출연하는 영상은 기존 기획과는 다르게, 게스트의 캐릭터를 추가적으로 기획에 반영하게 됩니다. 예를 들어 먹는 것을 좋아하는 캐릭터가 나온다면 '먹방' 콘텐츠를 기획하고, 축구를 잘하는 사람이 나오면 '축구 대결'을 대본에 반영하는 식입니다. 실제로 방송국 9시 뉴

게스트의 특성을 반영해 '썸', '여자친구' 등을 소재로 제작한 영상

스앵커가 한글날 게스트로 출연한 적이 있습니다. 이 경우 아나운서의 캐릭터와 저희 채널의 한글 지킴이 '문과 1등' 캐릭터를 기획에 녹여냈습니다. 바로 문과 1등이 아나운서에게 고침을 받는 상황을 몰카 형식으로 제작한 것입니다.

차태현, 조인성이 메인 출연자로 등장했던 〈어쩌다 사장〉의 경우도 다양한 게스트가 출연해 프로그램에 신선함을 불러일으켰다. 아마 전 편을 두 명의 배우가 이끌어갔다면 프로그램이 좀 더 단조로웠을 가능성이 높고, 이 경우 편수를 줄여서 기획했을 수도 있다. 이처럼 게스트의 존재는 콘텐츠 기획에 중요한 요소 중 하나이다. 그리고 게스트의 캐릭터를 어떻게 기존 기획의 틀에 녹일 것인지가

아나운서와 문과 1등 캐릭터의 '한글 지킴이' 콘셉트로 제작한 영상

포인트가 될 것이다.

　만약 〈1등 미디어〉 채널에 아나운서가 출연해서 단순 축구 대결을 펼쳤다면 이는 실패한 기획이 되었을 확률이 높다. '문과 1등'이라는 캐릭터가 한글 지킴이 역할을 하는 상황에서, 현실의 한글 지킴이 아나운서가 가르침을 주는 상황은 성공적인 기획이 되었다. 기존 출연자와 게스트가 조화롭게 녹아든 기획이기 때문이다. 게스트를 출연시켜 영상에 신선함을 불어넣고, 기존과는 다른 새로운 기획을 하는 것은 채널 운영을 위한 중요한 조건이다.

유튜브 기획 포인트 5:
채널 특성에 맞는 기획을 하라

〈1등 미디어〉 채널은 개그 콩트 채널입니다. 이 때문에 기획에 맞는 캐릭터가 이미 구축되어 있고, 이를 위해 대본을 작성해 촬영하고 있습니다. 구독자들에게도 김성기, 신홍재라는 개그맨이 아니라 '문과 1등', '이과 1등'이라는 캐릭터로 받아들여집니다. 이러한 채널의 특성을 가지기 때문에 무엇인가를 '실제로' 하는 콘텐츠는 결이 맞지 않습니다. 게임을 실제로 하는 콘텐츠를 제작했던 적이 있는데 반응이 좋지 않았습니다. 이미 채널 내 구축된 캐릭터와 출연자들의 실제 캐릭터와의 이질성이 있었기 때문입니다. 이후에는 기획을 통해 창조된 캐릭터 위주로 콘텐츠를 만들었습니다. 그래서 두 개그맨의 실제 캐릭터를 살리는 콘텐츠가 필요하다면 추가적인 채널에서 진행하는 것이 맞다는 결론을 내리게 된 것입니다.

영상 기획은 채널 특성과 연계되어 있다. 채널 특성과 이질적인 기획을 하는 경우 구독자의 혼란을 불러일으켜 성공적인 결과를 얻어낼 수 없다. 이 때문에 채널 내 구축된 크리에이터의 캐릭터를 기획에 잘 반영해야 한다. 특히 〈1등 미디어〉는 개그 프로그램처럼 기획에 의해 탄생한 캐릭터가 있기에 출연자의 실제 캐릭터가 등장하는 영상 기획에는 한계를 보이는 것이다.

반대로 실제 캐릭터가 구축된 채널인 〈와썹맨〉은 그 캐릭터에 맞춰 노래, 게임, 여행, 먹방 등 다양한 기획을 할 수 있다. 박준형이라는 캐릭터 자체가 방송을 통해 이미 구축된 이미지가 있고, 그 이미지를 유튜브 채널의 캐릭터로 그대로 활용하기 때문에 다양한 '체험형' 영상 기획이 가능하다. 이처럼 채널 특성, 채널 내 캐릭터의 방향성 요소를 기획에 담아야 성공적인 영상 제작이 가능한 것이다.

유튜브 기획 포인트 6:
선택과 집중이 필요하다

유튜브 영상을 기획하는 데 선택과 집중이 필요합니다. 이 말을 풀어서 설명하면, 제한된 기회비용 안에서 최선의 선택을 하기 위해서는 편집의 영상미, 기획력과 같이 집중할 요소를 정하는 것이 필요하다는 의미입니다. 물론 모든 요소가 다 높은 수준이라면 더할 나위 없을 것입니다. 그러나 유튜브 채널을 운영하면 여러 가지 제한된 기회비용을 마주할 것입니다. 모든 요소에 집중하다 보면 주 두세 편의 영상을 제작하는 것 자체에 한계가 있고, 여러 요소에 모두 집중하다가 영상 온에어의 타이밍을 맞추지 못할 수도 있습니다. 그래서 채널 특성에 맞춰 우선순위를 정해야 합니다. 예를 들어 새의 생태계를 조망하는 영상이라면 영상미와 편집에 공을 많이 들여야 합니다. 그러나 〈1등 미디어〉는 '개그' 콘텐츠가 메인이기에 기획력에 집중하는 것이 중요하다고 생각합니다. 특히 최근에는 방송국에서 제작한 높은 수준의 편집 수준을 갖춘 영상들이 이미 존재합니다. 저희는 편집력보다는 다른 채널이 할 수 없는 차별화된 기획을 하려고 노력합니다.

쉴새 없이 주마다 두세 개의 콘텐츠를 제작해야 하기 때문에 선택과 집중이 필수이다. 물론 많은 스태프를 동원해 충분한 자원이 있는 경우 다양한 요소에 모두 집중할 수도 있다. 하지만 보통 많지 않은 인원으로 운영되는 유튜브 채널은 자원의 한계가 명확하다. 특히 1인이 전 과정을 운영하는 경우는 더욱 집중해야 할 요소를 잘 선정해야 한다. 모든 요소에 힘을 주다가 제풀에 주저앉는 크리에이터들도 많다. 보통 1인 채널은 기획에 집중하는 것이 좋다. 편집의 영상미는 조금 떨어지더라도 다른 채널에서는 볼 수 없는 참신한 기획을 한다면 시청자의 시선을 사로잡을 것이다. 지금 유튜브를 시작한다면 어떤 요소에 집중해야 할지를 우선 생각해야 한다. 시작이 반이라고 하지 않았는가. 채널 성격과 우선순위를 정하는 것만으로도 유튜브 시작의 반은 이뤄낸 것이라고 할 수 있다.

유튜브 영상 기획은 끈기이다

유튜브 영상 기획은 끈기라고 생각합니다. 〈1등 미디어〉는 영상 기획과 대본 작업은 두 명의 크리에이터들이 메인으로 담당하는데 아이디어가 정해질 때까지 회의를 끝내지 않습니다. 이 때문에 새벽까지 준비하는 경우도 많았습니다. '될 때까지 한다'는 측면에서 정말 끈기가 필요한 것 같습니다. 사실 마음에 드는 기획이 나오지 않았는데, 시간이 늦었다고 기획을 마무리한다면 지금의 〈1등 미디어〉는 없었을 것이라 생각합니다. 그래서 저희 채널의 크리에이터들에게 존경과 감사의 마음을 갖고 있습니다. 물론 "유튜브 영상 기획은 00이다"라는 정의에 다른 단어도 들어갈 수 있을 테지만, 철저한 기획과 대본이 필요한 저희 채널에는 역시나 '끈기'가 제일 어울리는 단어가 아닐까 생각합니다.

언론사 채널 〈비디오머그〉
SBS 기자 박수진

뉴스 콘텐츠도
이렇게 재미있을 수 있다?

언론사가 유튜브 채널을 운영하는 법

유튜브 플랫폼에는 다양한 채널이 존재한다. 초반에는 대부분 개인 채널들이 많았지만, 규모의 경제가 생겨나기 시작하면서 방송국처럼 콘텐츠를 전문적으로 제작하는 곳에서도 채널을 개설하기 시작했다. 그중에서도 신문과 방송 등 자신들의 플랫폼을 통해 기사를 발행하던 '언론사'들에도 유튜브는 새로운 기회이자 도전의 장이 되었다. 현재 국내 주요 언론사들은 대부분 유튜브 채널을 운영하고 있다. 이미 구독자 100만 명을 돌파한 채널도 다수이며(〈비디오머그〉, 〈14F 일사에프〉 등) 하나의 언론사에서 두 개 이상 채널을 운영하

국내 주요 언론사들이 운영하는 인기 유튜브 채널들

출처: 〈스브스뉴스〉, 〈14F〉

는 것도 이제 낯설지 않게 되었다.

언론사 유튜브 채널은 크게 두 가지 유형으로 나눠볼 수 있다. 첫 번째는 유튜브 오리지널 콘텐츠를 제작하는 채널이다. 방송용 뉴스가 아닌 유튜브 채널만을 위해 제작하는 것이다. 이 때문에 방송용 뉴스와는 포맷과 소재, 편집 방식, 러닝타임에서 차이점을 보인다. SBS의 경우 〈스브스뉴스〉, 〈비디오머그〉, 〈스포츠머그〉, 〈문

방송용 뉴스와 차별화된 대표적인 '스브스 뉴스' 오리지널 콘텐츠

출처: 〈스브스뉴스〉

명특급〉 등 유튜브 오리지널 뉴스 콘텐츠를 제작하는 다양한 채널을 보유하고 있다. 〈스브스뉴스〉를 시작으로 다른 여러 채널이 연이어 자리를 잡았고, 특히 MZ세대에게 큰 인기를 끌고 있는 예능 채널 〈문명특급〉은 〈스브스뉴스〉의 코너에서 독립 채널로 발전해 분화되었다.

방송용 뉴스와 차별화된 대표적인 유튜브 영상은 '의원님들 친환경 실천하는지 싹 털어봄'이라는 영상이다. 해당 영상은 국회 환경노동위원회 소속 정당별 국회의원들이 출연해 환경 퀴즈 쇼를 하고, 문제를 틀릴 때마다 10만 원의 '강제 기부'를 하는 형식으로 진행되었다. 딱딱한 이미지가 강한 의원들의 색다른 모습을 조망하면서 동시에 환경노동위원회 소속 의원들의 상식과 생각을 알아볼 기회를 제공했다. 만약 TV 뉴스에서 의원들의 생각을 인터뷰했다면 어떤 형식이 되었을까? 뉴스 스튜디오에서 질문과 대답을 앵커와 이어가는 형식을 취했을 가능성이 높다. 제한된 시간 동안 전문 지식을 전달해야 하는 TV 뉴스의 특성을 반영해야 하기 때문이다. 그러나 유튜브는 다르다. 러닝타임을 자유롭게 정할 수 있고, 국회의원이 출연한다고 해서 꼭 딱딱한 모습만을 보여줄 필요는 없는 것이다. 구독자들이 좋아할 만한 예능형 자막과 질문들을 통해 색다른 재미와 정보를 동시에 추구해 나가는 것이 언론사 유튜브 채널의 특징이다.

MBC에서 운영하는 〈14F 일사에프〉 채널도 '유튜브다운' 다양한 코너를 운영한다. '14F's Daily PICK' 코너의 경우, 아나운서가 화자로 출연해 예능, 뉴스, 해외 뉴스를 세로형 편집으로 제공한다. 대부분의 유튜브 이용자가 모바일을 중심으로 영상을 시청하기 때문이다. 그 외에도 술(주락이 월드), 앱(잘 먹고 잘사는 앱 리뷰), K-POP(눌러서 입덕 해제 & 덕질 해제) 등 다양한 소재를 유튜브 오리지널 콘텐츠로 제작하고 있다.

방송사뿐만 아니라 신문사들도 채널 개설에 적극 참여하고 있다. 국민일보는 구독자들의 궁금증을 해소해 주는 채널 〈취재대행소 왱〉를 운영하고 있다. '48년 동안 삼시세끼 안성탕면만 드신 할아버지는 건강하실까?', '탈모인은 정말 흰머리가 나지 않나요?', '돌체라테는 어쩌다가 관장라떼가 된 걸까?' 등 사소하지만 호기심을 자극하는 소재들로 큰 인기를 얻고 있다. 이처럼 유튜브 오리지널 콘텐츠를 제작하는 채널들은 세로형 화면 활용, 웹 예능형 자막 적용, 사소하지만 호기심을 자극하는 소재 등 유튜브에 맞게 적극적으로 반영하면서 시청자들의 사랑을 받고 있다.

유튜브 오리지널 콘텐츠를 제작하는 채널도 있지만, 기존 TV 뉴스를 활용하는 채널도 많이 운영되고 있다. 〈YTN news〉 채널은 TV 뉴스별로 영상을 업로드하고 있다. 가독성이 높은 섬네일의 관심도가 높은 뉴스 영상은 800만 회 이상의 조회수를 기록하고 있다. 원소스 멀티유즈의 형태를 보이는 이러한 채널들은 빠르고 신속하게 팩트를 전달한다는 장점이 있다. 또한 뉴스 소재별로 영상을 잘라서 업로드하기 때문에 내가 보고 싶은 뉴스만을 볼 수 있다는 장점도 있다.

기자가 유튜브 세상에 뛰어든 이유

저는 원래 경제 신문사에 있었고, SBS에 와서도 경제에 관한 취재를 하고 있었습니다. 신문사에 있다가 방송국에 오게 되었을 때, 제한된 시간 안에 기사를 쓰는 것에 어려움을 느꼈습니다. 그래서 처음에는 제가 쓴 기사가 '수박 겉 핥기'식이라는 생각을 하기도 했었습니다. '내가 잘

하고 있는 것인가?'라는 의문도 들었지만, 뉴스 소비자들의 반응을 체크할 방법도 마땅치 않았기에 마음이 찝찝했을 때였죠. 그러던 때 뉴미디어 뉴스로 이동을 제안받게 되었습니다. 당시 방송과 뉴미디어의 가장 큰 차이점은 소비자의 반응을 매일 실시간으로 체크하느냐, 아니냐의 차이라고 생각했습니다. '소비자의 반응을 잘 알아보자'라는 마음이 들었고, 주저 없이 뉴미디어 뉴스로 뛰어들게 되었습니다. 지금은 당시의 선택이 스스로도 만족할 만한 선택이라고 여기고 있습니다.

뉴미디어 뉴스 콘텐츠가 지금처럼 활성화되기 전, 방송 뉴스의 경우 일반 소비자들의 반응을 실시간으로 파악하는 구조가 아니었다. 박수진 기자처럼 소비자 반응에 대한 목마름을 갖고 있던 일부 기자들은 뉴미디어 뉴스 콘텐츠라는 새로운 파도에 몸을 맡기며 도전에 뛰어든 것이다. 과거와 달리 현재 유튜브 내 언론사 채널들은 구독자와 적극적인 소통을 이어가고 있다. 방송 뉴스를 그대로 내보내는 채널도 댓글 기능을 활용하고, 일부 오리지널 채널도 제작하고 있다. 또한 유튜브 오리지널 콘텐츠를 제작하는 언론사 채널들은 일반 유튜브 채널 못지않게 댓글과 커뮤니티 기반 소통을 이어가고 있으며, 소비자의 의견과 제보를 적극적으로 활용하고 반영한다. 특히 유튜브에서 제공하는 커뮤니티 카테고리를 적극적으로 활용하는 경향을 보인다. 주로 새로 업로드되는 영상을 재밌는 짤, 밈meme을 활용해 홍보하고, 소비자의 비판이 있을 때는 향후 방향성, 조치에 대해 공지하면서 적극적으로 소통을 이어나간다. 이 밖에도 100만 돌파처럼 채널의 좋은 소식도 구독자들과 함께 나누며 성장해 나가는 모습을 보이고 있다.

언론사 유튜브 채널의 장점을 살린 대표적 사례: 올림픽

〈비디오머그〉는 2015년에 SBS 보도국이 만든 온라인 동영상 채널입니다. 제가 합류했던 시기는 2017년 말로 당시만 해도 페이스북을 메인 플랫폼으로 활용하던 시기였습니다. 그러나 유튜브가 대세 영상 플랫폼으로 자리매김하고, 페이스북에서도 광고와 뉴스 노출을 줄이는 정책을 사용하면서 〈비디오머그〉 채널도 본격적으로 영상을 제작하게 되었습니다. 〈비디오머그〉에서 2018년 평창 올림픽, 2022년 베이징 올림픽은 중요한 이벤트였습니다. 해당 이벤트를 통해 올림픽과 관련된 다양한 오리지널 콘텐츠를 제작했고, 기대보다 높은 구독자 반응을 이끌어내면서 유튜브 채널에 더욱 많은 투자를 하게 되었습니다. 평창 올림픽 당시 약 127개의 콘텐츠를 제작해 올렸고, TV 뉴스에서는 볼 수 없는 다양한 소재를 통해 주목받았습니다. 뉴스 콘텐츠와 유튜브가 만나, 정말 새로운 시너지를 낼 수 있다는 가능성을 확인한 순간이었습니다. 이는 2022년 베이징 동계 올림픽에서 '비머 IN 베이징'으로 이어졌습니다. 기존 TV 뉴스에서는 다루는 데 한계가 있었던 선수촌 의무실 소개, 외국 취재진들 인터뷰, 경기장 뒷이야기를 전달하면서 사랑받는 콘텐츠들을 제공했습니다.

특히 선수들의 사연, 경기장 뒷이야기 콘텐츠가 인기가 많았습니다. 베이징 올림픽 경기를 한 번도 뛰지 못한 쇼트트랙 국가대표 박지윤 선수 인터뷰처럼 조명받지 못한 선수의 이야기를 전달해 40만 이상의 조회 수를 기록했습니다. 또한 평창 올림픽에서는 '영미', '팀킴'으로 유명했던 여자 컬링팀, 아이스하키 오현호 선수 등 TV에서는 물리적인 시간으로 다루기에 한계가 있는 선수들 이야기를 상세히 다룬 영상들이 높은 조회 수를 기록했습니다.

〈비디오머그〉는 상대적으로 빠르게 유튜브 시장에 진출했다. 그리고 평창 올림픽, 베이징 올림픽처럼 대형 이벤트를 유튜브 채널

베이징 동계 올림픽에서 뛰지 못한 쇼트트랙 국가대표 박지윤 선수를 인터뷰한 영상

에서 어떻게 다루어야 하는가에 대한 답을 보여주면서 빠른 시간 안에 인기 궤도에 오를 수 있었다. TV 스포츠 뉴스는 시간상 한계를 명확히 갖고 있다. 이 때문에 스포츠 뉴스는 경기의 주요 내용과 결과에 집중할 수밖에 없다. 그러나 유튜브에서는 다양한 소재를 다룰 수 있다. 또한 유명하지 않은 종목과 선수의 이야기라도, 나름의 스토리만 갖고 있다면 오히려 더 높은 관심을 받는 것이 가능하다.

올림픽 사례는 레거시 미디어와 유튜브의 장점을 잘 살린 사례라고 할 수 있다. 올림픽 중계권을 확보한 SBS는 올림픽의 영상을 자유롭게 사용할 수 있었다. 이는 중계권이 없는 다른 언론사나 개인이 운영하는 유튜브 채널은 갖기 힘든 장점일 것이다. 이러한 장점을 기반으로 유튜브에 맞는 포맷, 편집, 소재를 더하니 폭발적인 시너지를 만들어낸 것이다. 이처럼 방송국 언론사의 경우 일반 유튜버 대비 저작권 측면에서 장점이 있다. 예를 들어 고부 갈등을 소재로 다룰 경우, 관련 드라마 영상을 자료 화면으로 사용하면서 전달력을 높일 수 있다. 또한 뛰어난 편집자와 기획자 등 스태프를 보유하기 때문에 타이밍에 맞게 빠르게 영상을 제작할 수 있다. 특히 평창 올림픽을 소재로 콘텐츠 127개를 타이밍에 맞게 제작했던 것은 일반 유튜브 채널에서 가질 수 없는 장점인 것이다. 이처럼 방송국 채널들은 자신들이 가진 장점을 유튜브의 강점에 잘 접목해 성공적인 채널 운영을 이어나간다.

방송 뉴스는 할 수 없는 것을 하는 것이 바로 성공 비결

유튜브의 장점 중 하나는 상대적으로 시간의 제약에 자유롭다는 점입니다. 예를 들어 밤늦게까지 이어지기도 하는 고위 공무원의 인사청문회를 방송 뉴스에선 시간 때문에 중요한 일부 내용만 보여줄 수밖에 없지만, 유튜브에서는 청문회 현장을 '라이브'나 편집 없는 '풀 영상'으로 끝까지 보여줄 수 있습니다. 구독자들도 관심이 있는 이슈에 대해서는 시간에 구애받지 않고 시청하는 경향이 있습니다.

언론사가 채널을 운영하던 초기에는 뉴스가 끝나면 TV 방송을 바로 업로드하는 것이 대부분이었다. 그러나 유튜브 이용자들이 많아지면서, 점점 유튜브에서만 할 수 있는 다양한 시도를 하기 시작했다. TV 뉴스는 시간이라는 현실적인 제약이 존재한다. 하나의 채널에서 두 가지 콘텐츠를 동시에 방영할 수 없기에, 제한된 방송 시간에 맞게 프로그램을 기획하게 된다. 그러나 유튜브 채널은 편당 영상의 시간 제한이 없을 뿐만 아니라 하나의 채널에서 하루에 여러 개 영상을 업로드하는 것도 가능하다. 이러한 차이점을 적극적으로 활용한 사례 중 하나가 '청문회 풀 영상' 콘텐츠인 것이다.

〈비디오머그〉는 올림픽, 월드컵, 선거 같은 대중의 관심이 집중되는 대형 이벤트가 있을 때 특히 큰 성장을 해왔습니다. 앞서 말한 평창 올림

유튜브 트렌드 'ASMR'을 뉴스에 적용해 제작한 영상

픽과 더불어 대표적인 사례가 2018년 판문점 남북정상회담입니다. 당시 구독자가 하루 만에 1만 명 넘게 늘어날 만큼 폭발적인 반응을 이끌어냈는데요, 그 동력은 유튜브에서만 할 수 있는 콘텐츠를 시도한 덕분이었습니다.

평창 올림픽에 이어 남북정상회담의 콘텐츠는 유튜브 채널의 장점을 적극적으로 적용하며 많은 사랑을 받게 된 사례이다. 가장 대표적인 콘텐츠가 '새역사를 쓴 남북정상회담 새소리 ASMR'이다. 남북 정상의 회담 당시 주변 새들의 소리를 부각해 콘텐츠를 제작한 것이다. 유튜브에서 유행하는 ASMR 포맷으로 관련 영상을 재편집하면서 많은 관심을 받았다. 이 밖에도 판문점 만남의 순간 남과 북의 경호원의 소소한 만남, 내외신 기자들의 표정과 반응 등 남북정상회담이라는 국가적 행사의 뒷이야기들을 차별화된 포맷, 편집, 자막 스타일로 〈비디오머그〉는 성공할 수 있었다. 그리고 이러한 사례들이 모이며 TV 뉴스 외에도 유튜브 언론사 콘텐츠를 '왜 소비해야 하는가'에 대한 명확한 답을 내리는 계기가 되었다.

언론사 채널들이 유튜브 진입 초기 때처럼 TV 뉴스 클립을 그대로 업로드하는 것에 그쳤다면, 지금의 성공과 성장은 요원했을 것이다. 유튜브라는 채널만의 장점과 특징을 콘텐츠 제작 방식에 적극적으로 적용하면서, '차별화된 콘텐츠'를 보여주었기 때문에 지금의 성장을 이룰 수 있었다. 이처럼 뉴스 채널의 경우 기존 방송 뉴스가 지닌 한계점이 곧 경쟁력이 된다. 이는 개인 채널을 운영하는 크리에이터에게도 똑같이 적용될 수 있는 말일 것이다. 기존 방송처럼 레거시 미디어가 가진 장점을 따라 할 것이 아니라, 유튜브만이 할 수 있는 방식에 집중해야 한다. 유튜브에서 성공한 수많은 콘텐츠들이 방송국 수준의 화면 퀄리티, 높은 편집 수준으로 성공한 것이 아니다. 기존에 하지 않았던 새로운 포맷, 크리에이터만의 개성을 살린 편집과 자막 등 새로움과 나만의 차별화 포인트를 살려나가야 하는 것이다.

유튜브 성공 방정식을 적극적으로 적용해야 하는 이유

제가 제작에 참여한 〈비디오머그〉 영상 중 가장 조회 수가 높았던 영상은 '불난 집 앞 불법주차 차량, 이제는 그냥 밀어버립니다'입니다. 약 1,560만 조회 수가 나왔어요. 해당 영상이 성공한 요인은 몇 가지가 있을 텐데요. 첫째는 섬네일입니다. "차 안 빼면 그냥 뿌숴요. 이게 나라다"라는 자막과 차를 밀어버리는 소방차의 이미지가 들어간 시청자들의 클릭을 부르는 기획이었다고 생각합니다. 소방차가 거리의 차량을 밀어버리는 것을 흔히 볼 수 없잖아요. 이러한 소비자의 니즈를 섬네일에 강렬하게 담았다고 생각합니다. 둘째는 유튜브다운 효과음, 배경음악, 자막 등을 적극적으로 반영했다는 점입니다. 온라인상의 유행하는 표현들을 적극적으로 반영했어요. 그리고 강제 처분 장면에서는 "간다"라는 가사가 담긴 노래 일부분을 넣어 유머러스한 요소를 적용하기도 했습니다. 셋째는 시간 제약이 없었다는 점입니다. 방송 뉴스는 1분 40초 정도의 제한된 시간에 사실을 전달하는 것에 집중했을 것입니다. 해당 영상의 경우 4분 25초라는 충분한 시간에 앞서 말한 편집 효과를 넣어 다각적인 시도를 할 수 있었습니다. 이러한 요소들이 방송 뉴스와 차별화되는 요소이자, 유튜브 뉴스 콘텐츠의 성공 방식 중 하나라고 생각합니다.

〈비디오머그〉는 유튜브 오리지널 콘텐츠를 제작하는 채널이다.

유튜브라는 플랫폼에 최적화된 영상을 만드는 것이다. 유튜브에는 다양한 성공 방정식이 있다. 바로 제목과 섬네일로 조회 수에 가장 영향을 미치는 중요한 요소들이다. 대부분 사람은 제목과 섬네일을 보고 영상을 볼지 말지 선택한다. 해당 영상의 경우, 섬네일이 영상의 주요 메시지와 하이라이트 장면을 담으면서도 호기심을 유발한다는 점에서 성공적이라고 할 수 있다. 제목도 딱딱하지 않으면서 '불법주차 차량, 이제는 그냥 밀어버립니다'라는 핵심 내용도 함께 담으면서 눈길을 사로잡았다. 또한 5분 이내 러닝타임안에 최대한 유튜브에 맞는 요소를 적극적으로 활용했다. 시청자들은 유튜브 플랫폼 내에서 유행하는 편집 방식, 자막, 효과 등에 반응할 수밖에 없다. 뉴스 콘텐츠라 할지라도 플랫폼에서 유행하는 편집 방식을 지속적으로 반영하는 것은 중요한 성공 요인이 된다.

클릭을 부르는 섬네일, 유튜브다운 편집으로 높은 조회 수를 기록한 영상

유튜브 크리에이터는 다양한 콘텐츠를 접해야 한다. 그 속에 대중이 원하는 답이 들어 있기 때문이다. 〈비디오머그〉가 가장 인기 있는 편집 방식, 자막, 효과 등을 적절히 반영하는 것처럼 개인 크리에이터들도 이러한 노력을 기울여야 한다. 유행하는 것을 무작정 따라 하는 것이 아니라 나만의 것으로 잘 녹이는 것이 중요하다. 〈비디오머그〉의 소방차 영상이 '소방차가 다 밀어버리는' 포인트를 섬네일과 편집에 잘 보여주지 못했으면 이러한 높은 조회 수는 없었을 것이다. 유행과 나만의 스타일의 타협점을 찾는 것이 중요한 이유이다.

유튜브에선 기자도 자신만의 캐릭터가 필요하다

하노이 북미 정상회담 취재를 위해 현장에 갔을 때 제 별명은 '민트요정'이었습니다. 〈비디오머그〉의 대표 색상인 민트색의 머리띠, 점퍼, 마이크를 들고 현장을 누볐기 때문입니다. 아무래도 공중파 방송 기자보다 좀 더 개성을 노출할 수 있다는 것이 유튜브의 특징이라고 생각합니다. 일반 유튜브 채널에서도 크리에이터의 캐릭터가 중요하잖아요? 그것과 같은 맥락이죠. 실제 영상을 본 분들의 호응도가 높았습니다. 나와는 거리가 멀어 보이는 정상회담이라는 행사에, 친밀한 캐릭터가 등장하니 시청자들이 좀 더 행사와 가까워진 느낌을 받았던 것 같아요. 지금은 흔한 방식일 수 있으나 그때만 해도 새로운 시도였습니다.

일반 시청자에게 거리가 멀어 보일 수 있는 국제 회담 소재를 친근한 크리에이터가 전달한다는 시도는 당시에는 꽤 신선했다. 박수진 기자는 '민트요정'이라는 캐릭터로 중무장하고, 친근한 현장 전달을 위해 노력했다. 당시 목동 SBS 방송국의 기자들은 정장을 입고 기존의 기자 이미지에 가까운 진행을 한 반면에, 박수진 기자는 '기자 크리에이터'로서 사실을 전달하는 동시에 친근한 모습을 많이 드러냈다. 회담이 결렬된 후 허탈하게 웃는 모습, "이렇게 집에 가야 하는가?"라는 헛헛한 마음을 드러내는 멘트처럼 방송 기자와는 차별화된 모습을 보여준 것이다. 그리고 이러한 차별점은 〈비디오머그〉라는 뉴스 콘텐츠의 특징을 극명하게 드러낸 것이기도 했다. 옆집 언니 같은 친근한 이미지는 수해 복구 현장에서도 빛을 발했다. 단순히 수해 현장을 중계하는 것에 그치는 것이 아니라 직접 복구 일손을 돕는 모습까지 보여준 것이다. 이처럼 박수진 기자는 언론사의 뉴스 콘텐츠가 유튜브에 진입하는 초기에 다양한 시도를 하며 새로운 가능성을 보여주었다.

유명한 크리에이터 채널의 경우 특별한 캐릭터들이 떠오르기 마련이다. 채널 〈천재이승국〉에서는 '이승국'의 뭐든 잘하는 이미지가, 〈버거형〉에서는 '박효준'의 특유의 허세와 귀여움이 〈공부왕쩐천재 홍진경〉에서는 '홍진경'의 순수한 매력이 드러난다. 크리에이

박수진 기자가 '민트요정'으로 출연한 하노이 북미정상회담 현장 영상

터 채널이 성공하기 위해서는 확실한 캐릭터가 뒷받침되어야 한다. 이는 채널의 확고한 정체성에 기인해 정체성에 맞는 다양한 캐릭터가 생겨나는 것이다. 〈비디오머그〉는 유튜브 기반 뉴스 채널이라는 확고한 정체성이 있다. 이 때문에 소속 기자들은 그에 맞는 세부적인 캐릭터를 잡아야 하는 것이다. 개인 크리에이터도 확실한 채널의 특성에 맞는 캐릭터를 잡아야 한다. 방송 뉴스의 '박대기' 기자를 누구나 기억하는 것은 그의 특별한 캐릭터 덕분이다. 이처럼 대중적으로 기억할 수 있는 캐릭터를 구축해 나가는 것이 중요하다.

플랫폼별 장점을 고려한 메시지 확산의 중요성

상당히 의미 있는 기획이었다고 생각하는 콘텐츠 중 하나는 'NO 플라스틱 캠페인'입니다. 환경에 대한 관심이 높아지고 있었고, 그와 관련한 의미 있는 콘텐츠를 만들고 싶었습니다. 플라스틱 사용에 경각심을 불러일으키기 위해 13편의 시리즈 영상으로 기획했습니다. 바닷속 플라스틱 쓰레기를 청소하는 부부, 플라스틱을 안 쓰는 착한 카페 방문기, 필리핀에서 발견된 한국 플라스틱 쓰레기 문제 사례들을 통해 캠페인의 의미를 담았습니다. 단순히 영상 캠페인에 그치지 않고, 배우 김혜수와 이솜이 함께한 'NO 플라스틱'을 통해 이러한 메시지를 확산할 수 있었습니다. 정말 의미 깊은 캠페인, 챌린지(가장 대표적인 사례는 '아이스 버킷 챌린지', '아무 노래 챌린지'로 의미를 담아 이어서 하는 것을 의미한다. 유튜브, 틱톡, 인스타그램 등에서 진행되고 있다)였지만 한가지 아쉬운 점이 있었습니다. 챌린지를 유튜브 플랫폼에서만 진행하면서 확산에 한계가 있었다는 점입니다. 챌린지에 적합한 인스타그램처럼 다양한 플랫폼에 진행하지 않아 메시지가 더욱 넓게 확산되지 못해 참으로 아쉽습니다.

언론사 유튜브 채널들은 단순히 사실을 전달하는 데 그치지 않고, 친환경과 같은 의미 있는 주제로 캠페인을 진행하기도 한다. 이러한 콘텐츠는 팩트와 의미 전달을 주 역할로 하는 언론사 채널에 적합한 주제이기도 하다. 단순히 영상을 제작하는 것 외에도 캠페

김혜수가 알려주는 플라스틱 줄이는 방법 /
[NO플라스틱챌린지 #1] / 비디오머그
비디오머그 - VIDEOMUG · 조회수 6.4만회 · 3년 전

NO 플라스틱 영상 캠페인

인 메시지를 셀럽과 함께 챌린지 형태로 확산시키는 역할을 수행하고 있다.

박수진 기자가 언급한 것처럼 유튜브 플랫폼 내에서만 시청자가 참여하는 챌린지를 진행하는 데에는 한계가 있다. 대중이 참여할 수 있는 접근성이 높은 여러 플랫폼과 함께 진행하는 것이 중요하다. 루게릭병에 관한 관심을 환기하게 했던 '아이스버킷 챌린지'도 페이스북과 인스타그램 플랫폼에서 한 적이 있다. 이처럼 유튜브 기반의 채널이라 할지라도 다양한 플랫폼과 연계한 콘텐츠 제작, 챌린지를 통한 메시지 확산을 고민해야 한다. 각각의 플랫폼이 가진 장점을 고려했을 때 시너지 효과를 얻는 것이다.

언론사 유튜브 채널의 주요 트렌드

언론사 유튜브 채널 콘텐츠의 현재 트렌드를 크게 두 가지로 나눠보면 다음과 같습니다. 첫째, 복잡한 이슈를 쉽게 정리해 주는 영상입니다. 라임펀드 사태 관련 뉴스를 10분 정도로 정리한 영상이 있었습니다. 정리된 정보를 원하는 시청자의 니즈에 따라 약 54만 회라는 높은 조회 수를 기록했습니다. 둘째, 날 것 그대로의 뉴스를 전달하는 방식입니다. 국정 감사 시기에 유튜브 인기 동영상 상위권을 보면 날 것 그대로의 국정 감사 영상을 주제별로 매력적인 섬네일과 함께 업로드한 영상이 많다는 것을 알 수 있습니다. 이는 언론에 대한 시청자의 불신이 반영되었다고 생각합니다. '내가 판단하고 싶다'는 니즈 때문에 편집이 들어가지 않은 날 것 그대로의 영상은 많은 사랑을 받고 있습니다.

박수진 기자가 설명한 것처럼 언론사 유튜브 채널의 대표적인 시청자의 니즈는 두 가지로 정리할 수 있다. 먼저 복잡한 이슈를 쉽게 정리했던 라임 펀드 사태 관련 영상은 '정보가 믿을 만한지', '한 번에 이해할 수 있게 정리되어 있는지', '해당 영상을 통해 지식을 얻을 수 있는지'라는 시청자의 니즈를 충족했기 때문에 사랑받을 수 있었다. 해당 영상에서는 실제 과일 라임과 곰돌이 젤리가 등장한다. 그리고 라임을 자르는 장면을 넣어 이해도를 높이기 위한 장치로 활용했다. 또한 기자들이 등장해 주요한 쟁점을 쉽게 설명하면

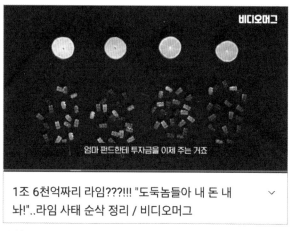

엄마 펀드한테 투자금을 이제 주는 거죠

1조 6천억짜리 라임???!!! "도둑놈들아 내 돈 내
놔!"..라임 사태 순삭 정리 / 비디오머그

복잡한 이슈를 쉽게 설명해 높은 호응을 얻은 '라임 사태 순삭 정리' 영상

서 전문 지식을 주기 위해 노력했다. 이 영상은 이러한 요소를 모두
충족하면서 좋은 반응을 얻었던 것이다.

실제 진행된 국정 감사 영상을 그대로 업로드하는 경우는 누군
가의 설명이 없어서 이해도가 낮을 수도 있지만, 누군가의 논조가
들어 있지 않다는 점에서 객관적인 영상이라고도 볼 수 있다. 이 때
문에 《한국일보》 채널의 국정 감사 전체 스트리밍 영상, 단순 요약
영상의 경우 높은 조회 수를 기록하는 것을 볼 수 있다. 또한 시청자
들이 댓글을 직접 남기고 자신이 판단한 점을 표현하면서 커뮤니티
를 형성하는 것을 볼 수 있다. '내가 판단하고 싶다'는 니즈를 적극
적으로 반영해야 하는 이유이다.

시청자 분석은 높은 조회 수로 가는 첫걸음이다!

모든 유튜브 채널이 그렇겠지만 주요 시청자의 특성을 분석하는 것은 기획의 첫걸음이라고 생각합니다. 〈비디오머그〉도 채널 타깃의 연령, 성별을 분석한 결과를 기획에 반영하고 있습니다. 제가 〈비디오머그〉 기자로 활동할 당시 주요 시청자의 니즈는 '정의를 위협하는 사람들을 단죄하는 소재'였습니다. 이 때문에 '음주운전 잡은 택시 운전사' 같은 콘텐츠가 많은 사랑을 받았습니다.

채널의 주요 타깃 분석은 유튜브 기획의 시작이다. 언론사 유튜브 채널도 주 독자층의 특성과 니즈를 정확히 파악하고 영상을 제작하려고 한다. 그리고 이렇게 제작된 영상들의 시청자 반응을 다시 영상 기획에 반영하며, 타깃 분석을 고도화해 나가고 있다. 〈비디오머그〉의 경우, 영상을 업로드한 후 다음 날 아침에 리뷰 회의를 진행한다고 한다. 이 리뷰 회의에서는 시청 지속 시간, 조회 수를 상세히 분석하며 데이터의 맥락을 파악하려고 한다. 예를 들어 시청 지속 시간은 길었지만 조회 수가 낮은 영상이 있었다면, 구성을 변화해 두 마리 토끼를 잡기 위해 노력하는 식으로 말이다. 이렇게 주요 시청자와의 접점을 만들어가고, 이해하려는 노력을 지속한다면 채널의 지속적인 발전에 큰 도움이 될 것이다.

구독자의 의견은 영상 기획의 원천이다?

시청자와의 실제 소통을 영상 기획에 반영하는 것도 중요한 요소라고 생각합니다. 남북정상회담 당시 하루에 제작해 올린 영상이 스무 개가 넘었었는데요. 그때 "언제 퇴근하세요", "실제로 지금도 야근 중이면 다음 영상에 별을 넣어주세요"라는 댓글을 다는 시청자들이 있었습니다. 그 댓글을 보고 실제 다음 제작 영상에 잠깐 별 세 개를 노출 시켰는데, 이를 알아본 시청자들이 또 신기하다며 댓글을 남기기도 했어요. 대단한 요소는 아니지만, 이렇게 적극적으로 소통하고 이를 콘텐츠에 반영하는 것은 중요하다고 생각합니다.

시청자와의 소통은 유튜브 채널 운영에서 분석 못지않게 중요한 요소이다. 실제 〈비디오머그〉는 '별' 사례 외에도 다양한 소통을 통한 영상 기획의 사례들이 존재한다. 후쿠시마 원전 관련 영상의 경우 "영어 자막을 달아 외국인들이 볼 수 있게 해달라"는 댓글이 있었다. 그래서 제작진들은 실제 영어 콘텐츠를 제작해 의견을 반영했다. 시청자들은 해당 사례를 보고 '시청자와 소통하는 채널이구나' 하고 생각했을 것이고, 이러한 사례들이 쌓여 채널에 대한 관심이 깊어지는 것이다.

언론사 채널의 경우, 소재에 대한 아이디어가 필요할 때가 많다. 또한 구독자가 원하는 소재를 알고 싶을 때도 있을 것이다. 이때 취재 소재에 대한 의견을 남긴 댓글들은 영상을 기획하는 기자 크리에이터에게는 큰 정보가 되기도 한다. 이렇게 시청자의 피드백을 실제 영상에 반영하는 것은 니즈를 정확히 반영하는 지름길이 되어준다. 언론사 채널뿐만 아니라 일반 유튜브 채널도 시청자와 적극적으로 소통해야 하는 것이다.

유튜브 기획은 '외로운 싸움'이다

유튜브 기획은 답이 보이지 않는 길인 것 같습니다. 그렇기 때문에 그 길을 걸어가는 것이 외로운 싸움으로 느껴질 때가 많습니다. 과연 뉴스 콘텐츠가 유튜브 시장에서 원하는 상품인가라는 고민이 들 때도 있고요. 그래도 언론이 가져야 할 책임감을 바탕으로, 시청자들에게 선택받을 수 있는 뉴스 콘텐츠를 기획하기 위해 기자를 비롯한 많은 제작진이 노력하고 있습니다. 애를 써서 만든 영상이 외면당할 때는 외롭고 속상하기도 하지만 "이런 영상 만들어줘서 고맙다", "유익하고 재미있는 영상 감사하다"라는 피드백을 받을 때면 외로움을 보상받는 것 같고 또 힘이 나기도 합니다.

영상 기획에 도움이 되는 채널이 있다면?

저는 미국의 〈Vox〉를 추천하고 싶습니다. 많은 도움을 받았고 즐겨보는 채널이기도 합니다. 이제는 기성 언론과 어깨를 나란히 하는 온라인 매체로 정치, 국제 이슈, 대중이 관심을 갖는 인물을 소개하고 다채로운 그래픽과 알기 쉬운 설명 방식으로 짧은 시간 안에 지식적 포만감을 주는 장점이 있습니다. 유튜브로 뉴스 콘텐츠를 보는 시청자들은 짧은 시간 안에 가능한 많은 지식을 얻길 원하는데, 그런 니즈를 잘 파악한 채널이라고 생각합니다.

또 다른 채널은 〈Kurzgesagt〉라는 독일 모션 그래픽 기반 정보 채널입니다. 다양한 사람들이 궁금해할 만한 소재를 모션 그래픽으로 이해하기 쉽게 제작하는 것이 강점인 채널인데요. 주요 이슈별 키워드를 어떤 내러티브로 재미있게 풀어가는지를 보고 있으면 많은 도움이 되곤 합니다.

글로벌 뉴스 채널
〈KOREA NOW〉
기자 제시카

유튜브 구독자 핵심 타깃에 맞는
콘텐츠 기획이 중요한 이유

**외국인 구독자가 관심이 많은 소재에
집중해야 하는 이유**

〈KOREA NOW〉는 《연합뉴스》에서 운영하는 영문 뉴스 전문 유튜브 채널이다. 최근 언론사에서 유튜브 채널을 많이 개설하고 있지만, 영어로 유튜브 오리지널 콘텐츠를 제작하는 채널은 많지 않다. 해당 채널의 주요 타깃은 외국인 시청자이다. 이 때문에 대부분의 콘텐츠는 영어로 제작되고, 한국어로 제작된 콘텐츠도 영어 자막을 입혀서 업로드된다.

인도 인기 스포츠인 '카바디' 선수를 인터뷰한 영상

　말 그대로 세계를 대상으로 한 콘텐츠이기 때문에 한국인을 대상으로 한 언론사의 유튜브 채널과는 타깃과 소재에서 큰 차별점이 있다. 예를 들어 북한과 BTS는 채널 주요 카테고리 중 하나일 정도로 중요한 소재이다. 한국 일상, 한국 문화라는 더 큰 개념의 카테고리가 존재하지만, 이렇게 따로 카테고리를 빼놓은 것은 〈KOREA NOW〉가 해당 소재를 얼마나 중요하게 바라보는지를 알 수 있는 대목이다. 한국의 뉴스 채널 대비 소재의 중요도가 다른 것을 알 수 있다. 메인 타깃인 외국인 구독자가 가장 크게 반응하는 소재의 영상을 자연스럽게 많이 만들게 되었고, 이 영상들이 하나의 대표 카테고리로 묶을 만한 소재가 된 것이다.

　특정 나라를 타깃으로 해서 성공한 콘텐츠도 있다. 바로 인도에서 인기를 얻고 있는 '카바디' 국가대표 선수 인터뷰이다. 2014년도 인도 여행 중 카바디(인도에서 가장 인기 있는 스포츠. 펀자브 지방에서 생겨나 인도아대륙과 동남아시아 등지에서 성행하고 있다)를 접하고 아시아 여자 카바디 선수권 금메달리스트가 된 우희준 선수의 인터뷰를 통해 인도 시청자들의 눈길을 사로잡았다. 그 결과 약 60만 조회 수를 기록할 수 있었다. 이처럼 핵심 타깃에게 흥미를 가질 만한 소재를 지속적으로 고민하고, 콘텐츠에 적용하는 노력이 모여 '대박' 콘텐츠를 제작하는 것이다.

유튜브 채널의 '양방향성'을 고려해 콘텐츠 기획에 반영하기도 한다. 영상에서 자신의 나라를 언급해 주면 반응하는 시청자의 특성에 따라, 콘텐츠와 연관이 되는 경우 특정 국가를 언급하기도 한다. 이 경우 댓글에서 많은 반응이 생기고, 이러한 양방향성을 통해 더 많은 시청자를 확보하는 것이다. 외국인을 대상으로 한 뉴스 채널이기에 생기는 또 다른 특징은 인터뷰를 진행할 때 한국인과 외국인을 적절히 섞어서 진행한다는 것이다. '한국의 주요 소식'을 알리는 채널 성격상 한국인이 전혀 등장하지 않는 것은 어색하다. 동시에 한국에 거주하는 다양한 외국인을 적절히 출연시킴으로써 주요 타깃이 자연스럽게 콘텐츠를 소비하도록 유도하는 것이다.

또한 해외에 잘 알려지지 않은 아이템을 발굴하려 노력한다. 동시에 핵심 타깃인 외국인들이 관심을 가질 만한 요소도 고려한다. 2020년 상반기에 제작한 '코로나 완치자 화상' 인터뷰가 대표적인 예이다. 당시 전 세계적으로 코로나가 급격한 확산 추세에 있었다. 아직 한국의 우수한 방역 시스템이 많이 알려지지 않은 상황에서 빠르게 회복한 환자들을 화상 인터뷰를 했다. 코로나 확산세를 잡지 못하던 수많은 나라의 시청자들에게 관심을 받을 수 있었다. 그 외에도 '고요한 택시'처럼 사회적 약자(청각장애인)의 불편한 부분을 IT 기술로 극복하는 사례들도 관심을 불러일으켰다. 또한 한국인이 많은 장소보다는 외국인들이 모이는 장소(이태원)에서 인터뷰를 진행하면서 다양한 외국인을 출연시키려 한다.

이처럼 유튜브 채널의 핵심 타깃을 명확히 설정하고, 타깃에 맞는 영상 기획과 제작, 섬네일, 제목, 구독자 관리 등 종합적인 전략이 필요하다. 〈KOREA NOW〉처럼 핵심 타깃이 외국인인 채널의 경우 한국 사람들이 주로 관심을 가질 만한 소재보다는 그들도 함께 공감할 소재를 찾는 것이 중요하다. 또한 출연하는 사람, 촬영 장소, 영상 기획 등 모든 요소에 핵심 타깃의 특성을 반영해야 한다. 이를 통해 채널의 메인 타깃에게 어필할 기획을 영상에 반영함으로써 채널 영향력을 확장하는 것이다.

기자 크리에이터, 제시카의 하루

〈KOREA NOW〉의 기자 제시카의 주된 역할은 채널의 크리에이터이다. 영상 소재를 직접 고민하고 기획, 원고 작성, 촬영의 전 과정에 참여한다. 말 그대로 기자이며, 유튜브 크리에이터의 역할을 함께 수행하는 것이다. 유튜브 오리지널 콘텐츠를 제작하는 언론사 채널의 기자들은 대부분 '기자 크리에이터'로서의 역할을 수행한다.

제시카의 일과는 이렇다. '데일리 뉴스' 콘텐츠 제작을 위해 매일 아침 아이템 발제 회의를 진행한다. 팀원들과 함께 시의성, 시청자의 관심도를 고려해 아이템을 확정한다. 이 부분은 기존 언론사와 비슷하다. 아이템이 확정되면 원고를 직접 작성한다. 이렇게 직접 작성한 원고를 기반으로 뉴스 콘텐츠에 쓰일 녹음을 진행한다. 보통 오전 중으로 편집자에게 전달해야 하기에 시간에 맞춰 빠르게 진행하는 것이 중요하다. 오프닝과 클로징이 필요한 경우 직접 출연해 촬영을 진행하고 당일 영상을 업로드한다. 오후 6시에서 8시

〈KOREA NOW〉에서 기자로 활동하고 있는 '제시카'

사이에 영상을 업로드해야 하므로 시간을 맞춰 모든 과정을 진행해야만 한다.

'데일리 뉴스' 콘텐츠를 업로드하고 나면 기획 아이템을 준비해야 한다. 소재가 확정되면 약 이틀 정도 시간을 들여 원고를 작성한다. 대본을 쓸 때는 영상에 담길 장면을 구상해서 쓰기에, 촬영 감독에게 필요한 각 장면에 대한 계획도 함께 담는다. 말 그대로 콘티와 대본을 함께 작성하는 것이다. 이렇게 바쁜 일정을 소화하면 어느덧 퇴근할 시간이다.

퇴근 후에도 '기자 크리에이터'로서 제시카의 노력은 멈추지 않는다. 하루가 다르게 새로운 트렌드가 생겨나는 유튜브 특성상 국내외 다양한 채널을 찾아봐야 하기 때문이다. 특히 외국인을 대상으로 한 채널의 영상을 기획하고 제작하기 때문에 해외 채널들을 많이 검색해 본다. 이때 제시카가 중점적으로 영상을 보는 포인트는 '나라별 기획 방식'이다. 예를 들어 영국에서 유명한 유튜브 채널이라면 서유럽 혹은 영어권 국가의 시청자들이 좋아할 만한 기획 포인트를 잡고 적용해 보려고 노력한다.

내가 유튜브를 택한 이유

제시카가 수많은 유튜브 채널 중 언론사 채널의 기자로 활동하게 된 계기는 무엇인지 궁금했다.

원래 아나운서가 되고 싶었어요. 그래서 언론사에 높은 관심이 있었 죠. 그러던 중 지금 언론사에서 인턴 기자를 뽑게 되었고, 일을 배워보 고 싶은 마음이 커서 들어오게 되었습니다. 제가 해외에서 생활을 오 래 했었거든요. 그래서 영문 뉴스부에서 근무했었는데, 그때 유튜브 콘텐츠를 만든다는 이야기를 듣게 되었습니다.

해당 언론사에서 유튜브 콘텐츠를 본격적으로 제작을 시작하던 시기는 2016년이다. 이 시기는 유튜브 채널이 '대세 되기'가 본격화 되던 시점이었고, 언론사들도 유튜브 오리지널 콘텐츠에 대해 고 민하던 시기였다. SBS는 〈스브스뉴스〉, MBC는 〈엠빅뉴스〉처럼 방 송용 뉴스가 아닌 유튜브 채널 전용 콘텐츠를 본격적으로 제작하 고 있었다. 연합뉴스는 이러한 시대적 흐름을 빠르게 캐치하고 발 빠르게 유튜브 채널을 준비한 것이다. 당시 제시카는 IT 전문 채널 〈TongTongTv 통통테크〉에 출연했다. 그때 유튜브 콘텐츠를 스스 로 기획하고, 대본을 직접 쓰고 출연하면서 흥미를 느끼게 되었다. 방송에 대한 경험이 유튜브로 자연스럽게 이어진 것이다. 그때 경 험으로 본격적인 기자 크리에이터로서 활동하게 되었다.

〈KOREA NOW〉채널 탄생기

〈KOREA NOW〉채널의 탄생은 '연합뉴스의 영문 기사들이 잘 활용되지 않고 있다'는 문제의식에서 출발했다. 영문 기사들을 지속적으로 제작해 발행하고 있었지만, 노력에 비해 해당 기사를 이용하는 사람들의 수는 부족했다. 좀 더 많은 노출을 고민하던 연합뉴스에 유튜브는 새로운 기회의 땅이었다. 많은 양의 뉴스 콘텐츠를 가장 빠르고 정확하게 제작하는 데 자신이 있었던 그들에게 유튜브는 시너지가 날 수 있는 최적의 파트너였던 셈이다.

2018년 세 명의 팀원으로 시작한 〈KOREA NOW〉의 모습은 지금보다는 더 전통 뉴스의 모습에 가까웠다. 기존 뉴스 방송처럼 정장을 차려입은 아나운서가 데스크에 앉아 진행하는 형식을 차용했다. 하지만 점점 유튜브 특성에 맞게 영상 포맷, 출연자 의상, 진행 방식 등을 변형하면서 지금의 모습이 되었다.

처음 시작하는 유튜브 채널들이 그러하듯이 수많은 시행착오를 겪었다. 주 타깃 시청자는 정했지만 명확히 그들이 좋아하는 것이 무엇인지는 알지 못했다. 브이로그 형식으로 명동의 길거리 음식을 소개하기도 했지만 큰 반향을 얻지는 못했다. 그러다가 케이팝의 세계적인 관심에 맞춰 유명 아이돌이 직접 출연한 영상이 소위 말하는 '대박'을 치게 되었다. 가수 세븐틴은 멤버 중 영어가 가능한 외국인 멤버들이 있기 때문에 더욱 수월하게 영어로 콘텐츠를 제작할 수 있었다. 덕분에 주요 타깃인 외국인들에게 더욱 많은 관심을 불러일으키게 되었다. 이후 소위 '먹히는' 콘텐츠 소재를 선별하게 되었고 지금처럼 케이팝, 북한 관련 소재, 대형 사건 사고 등에 집중하게 된 것이다.

처음 유튜브 채널을 개설하면 막막함을 많이 느낄 것이다. 하지만 가장 먼저 해야 하는 것은 핵심 타깃을 명확히 하는 것이다. 채널혹은 카테고리에 맞는 타깃이 정해지면 그에 맞는 기획과 소재 선정이 가능해진다. 물론 타깃을 꼭 성별, 나이를 기준으로 나눌 필요는 없다. 또한 〈KOREA NOW〉처럼 메인 타깃을 외국인으로 좁게만 잡을 필요도 없다. 대한민국에 거주하는 1인 가구, 여행을 좋아하는 직장인 등 넓으면서도 명확한 타깃을 잡고 기획을 하는 것이 중요하다.

유튜브 뉴스 콘텐츠 기획의 핵심은 메시지

유튜브 뉴스 콘텐츠는 일반적인 콘텐츠와 다르게 콘텐츠별 의미와 메시지가 중요하다. 예를 들어 '세월호'를 소재로 콘텐츠를 기획한다면, '왜 이 소재를 다뤄야 하는지', '어떤 것을 보여주고 싶은지' 등 핵심 메시지 포인트를 잡아야 한다. 생존자 인터뷰를 통해 사고 예방과 대응 체계를 점검할 수도 있고, 대형 참사를 겪은 이들의 트라우마를 위한 지원에 초점을 맞출 수도 있다. 이처럼 확실한 메시지와 기획의 기승전결이 필요하다.

유튜브 뉴스 콘텐츠 기획에서 제일 중요한 것은 메시지입니다. 저는 인터뷰를 하는 경우에는 왜 이 인터뷰를 하는지를 오프닝에서 설명한 후 진행합니다.

이처럼 영상 전체를 관통하는 핵심 메시지에 맞춰 기획하고, 이 메세지를 오프닝과 인터뷰 등에도 담는 것이다. 이는 유튜브 뉴스 콘텐츠가 갖는 특징이다. 일반적인 콘텐츠의 경우 기획에 꼭 메시지와 의미를 담을 필요는 없다. 웃음을 목표로 하는 개그 콘텐츠의 경우, 핵심 메시지가 없더라도 원초적으로 웃길 수 있는 것이다. 이처럼 콘텐츠 특성에 맞는 기획을 하는 것이 중요하다. 다만 메시지가 아닐지라도 콘텐츠 기획을 관통하는 포인트를 잡아야 할 것이다. 요즘 많이 회자되는 〈피식대학〉의 'B대면 인터뷰' 코너는 특별한 메시지가 있는 콘텐츠는 아니다. 그러나 '비대면'의 특징에 '느끼함'의 기획 포인트를 잡고 이를 영상 전체를 관통하는 포인트로 잡았다. 기획 뼈대를 무엇으로 잡을지는 영상의 방향에 따라 다르겠지만, 이 뼈대를 잡지 않는 기획은 '정규 콘텐츠화'하기도 어렵고, 한 편의 영상으로도 유의미한 가치를 갖기에는 명확한 한계점을 갖게 될 것이다.

트로트, 펭수가 통하지 않는 채널이 있다?

최근 몇 년간 대한민국에서 가장 히트한 아이템 두 개를 뽑으라면 나는 주저 없이 '트로트'와 '펭수'를 뽑을 것이다. 수많은 트로트 경연 프로그램을 통해 많은 스타가 탄생했고, 지금도 채널별 경연 프로그램들은 높은 시청률을 기록한다. 그야말로 TV를 틀면 나오는 것이 트로트이다. 이 때문에 트로트 가수들이 출연하거나 소재로 활용되는 유튜브 영상도 기본적으로 조회 수가 높다. 유튜브의 메인 사용자로 떠오른 50대 이상 시니어 세대에게 가장 인기 있는 소재이기 때문이다. 인기 트로트 가수 정동원의 경우, 경연 프로그램에서 부른 곡들이 수백만 조회 수를 기록하기도 한다. 말 그대로 흥행 보증 수표인 셈이다. 이뿐만 아니라 예능 프로그램에 출연한 장면을 편집한 영상, 먹방과 같은 수많은 영상 클립들이 인기를 끌고 있다.

펭수도 트로트에 뒤지지 않을 정도의 인기를 얻고 있다. EBS에서 제작하는 펭수의 오리지널 프로그램뿐만 아니라 기업과 컬래버한 영상 또한 높은 조회 수를 기록한다. 하지만 대한민국을 휩쓰는 트로트, 펭수가 통하지 않는 채널이 있다. 바로 외국인이 주요 타깃인 〈KOREA NOW〉이다. 이는 왜 채널의 메인 타깃에 따라 소재가 달려져야 하는지를 명확하게 보여준다. 해당 채널에서도 당연히 국내에서 큰 인기를 끌고 있는 트로트, 펭수를 소재로 영상을 제작한

채널의 핵심 타깃인 외국인들의 관심도가 상대적으로 부족했던 '트로트' 관련 영상

적이 있다. 그러나 생각보다 높은 관심을 얻지는 못했다. 세계적으로 유행하는 콘텐츠는 아니기 때문이다.

오히려 한국에서는 시기가 지났다고 생각한 소재들이 높은 반응을 얻은 적이 있다. 바로 '오레오 오즈 시리얼'이다. 오레오 오즈는 세계적으로 유명한 상품이다. 여기에 더해 특별함이 있다. 바로 한국에서만 제조되고 판매되는 상품이라는 것이다. 오레오 오즈 시리얼과 관련된 뉴스들이 몇 년 전 휩쓸고 간 적이 있지만, 해외 시청자들은 여전히 해당 아이템에 높은 관심을 갖고 있었던 것이다.

한국의 시골 마을을 외국인의 시선으로 풀어내어 성공한 사례도 있다. 외국인의 시선에서 흥미를 느낄 만한, 의미가 있는 마을을 찾아가서 이를 보여주는 콘텐츠를 기획했다. 집창촌을 박물관으로 개조해 운영하는 마을(전주 선미촌), 배가 들어오면 녹을 없애는 작업을 하는 마을(깡깡이 마을) 등 외국에서 흔하지 않은 마을들을 취재했다. 해당 콘텐츠가 높은 관심을 받았던 것은 유명한 마을은 아니지만, 그들이 쉽게 접할 수 없는 마을의 특성을 흥미롭게 소개했기 때문이다. 이처럼 아무리 인기가 높은 소재라 할지라도 메인 타깃이 반응하지 않는 소재를 기반으로 영상을 기획한다면 인기 없는 영상이 될 가능성이 높다. 이 때문에 핵심 타깃에 대한 분석을 기반으로 그들에게 통할 수 있는 소재를 지속적으로 찾는 것이 무엇보다 중요하다. 또한 주 시청자의 시선으로 콘텐츠를 풀어내는 것도 좋은 방법이다. 꼭 유명한 소재가 아니더라도 어필하는 포인트를 잡아서 기획에 반영하는 것은 큰 힘을 발휘할 것이다.

한국에서만 생산되는 상품 아이템을 통해 높은 조회 수를 불러일으켰던 '오레오 오즈' 영상

구독과 '좋아요'는 공짜로 늘지 않는다

"이번 영상이 좋았다면 구독과 '좋아요' 부탁드립니다." 수많은 유튜브 크리에이터가 영상의 마지막에 필수적으로 하는 말이다. 그만큼 크리에이터에게 구독과 '좋아요'는 채널을 유지하게 해주는 가장 중요한 요소이다. 유튜브 채널은 이 구독과 '좋아요'를 의식해 영상을 기획하게 된다. 〈KOREA NOW〉도 예외가 아니다. 앞서 언급한 대로 외국인들이 좋아할 만한 소재를 찾는 것은 기본 중의 기본이다.

기본적으로 한국 뉴스를 외국인에게 전달하는 채널이기 때문에, 최대한 알기 쉽게 풀어서 설명하는 편입니다. 예를 들어 '한식'을 주제로 하는 경우 한국인들을 대상으로 한다면 알려줄 필요가 없는 부분을 자세하게 설명하는 경우가 있습니다. 이처럼 외국인들에게 생소할 수 있는 부분을 최대한 설명하려고 노력합니다.

이뿐만 아니라 사건 사고 소식을 전할 때도 메인 구독자를 배려한 기획이 돋보인다. 택시 기사가 접촉 사고로 응급차를 막은 사건이 있었다. 해당 뉴스를 전달하는 경우 해외의 비슷한 사례를 같이 언급한다. 예를 들어 "미국에서는 이 경우 벌금이 얼마이다"라고 언급하며 나라별로 같은 사건을 어떻게 다르게 처리하는지를 비교 분석하는 것이다.

유튜브는 양방향적인 채널이잖아요. 영상 마지막에 "여러분의 나라에서는 이 경우 어떻게 처벌하는가?"라고 물어보는 경우가 있어요. 댓글로 달아달라면서 댓글 작성을 유도하기도 합니다. 나라별로 다양한 사례를 해당 영상의 댓글로 볼 수 있는 것이죠. 이처럼 댓글이 하나의 토론장이자 콘텐츠 그 자체가 되기도 합니다. 물론 이러한 활동들을 통해 구독자 수와 '좋아요'가 자연스럽게 늘어나는 효과를 기대할 수도 있습니다.

구독자와 '좋아요'는 그냥 늘지 않는다. 영상 기획에 구독자와 조회 수, '좋아요'를 늘릴 수 있는 타깃에 맞는 전략이 필요한 이유이다.

구독자 의견은 영상 기획의 근간

유튜브는 구독자와 함께 성장해 나가는 채널이다. 구독자는 본인이 좋아하는 채널을 구독하고, 유튜브 크리에이터는 구독자가 좋아하는 영상을 제작해 나가면서 더 큰 사랑을 받는다. 구독자의 취향을 아는 방법들은 유튜브 스튜디오로 구독자 특성 파악하기와 '구독자 피드백'을 수용하기이다. 실제 영상에 달린 댓글들은 소중한 구독자들의 의견이다. 이 댓글에는 다양한 소재에 대한 아이디어, 영상 편집 방식에 대한 개선점 등 소중한 의견들이 담겨 있다. 이러한 의견을 '그냥 지나치느냐, 놓치지 않고 인사이트를 넣느냐'에 따라 채널의 방향성은 달라진다.

"제가 기획한 영상 댓글은 모두 읽고 있습니다." 실제 제시카 기자도 실제도 자신이 기획한 영상의 경우 댓글을 다 읽는다고 한다. 실제 댓글을 보다 보면 다양한 나라의 구독자들이 보내는 요청 사항을 알게 된다. "한국에서 최근에 이런 사건이 있었다고 하던데 깊이 있게 다뤄주세요"라고 말하는 구독자의 목소리를 실제 콘텐츠 기획에 담은 경우도 많다.

〈KOREA NOW〉는 울산에서 지나가던 간호사가 심장 마비로 쓰러진 할아버지를 구한 사례를 영상으로 제작한 적이 있었다. 해당 영상에는 다양한 국적의 구독자들이 "한국에는 따뜻한 사람들이 많은 거 같다"라는 찬사를 보냈다. 이러한 댓글 반응을 기반으로 비슷한 소재의 기획 영상을 시리즈로 구상하게 되었다. 울산 간호사처럼 '생활 속 영웅들의 구조 이야기'를 기반으로 시리즈물을 기획하게 되었고, 더욱 많은 반응을 이끌어냈다. 구독자 요청으로 같은 소재의 영상을 다양한 포맷으로 확대한 사례도 있다. '코로나에 대한 한국의 대응' 관련 콘텐츠는 구독자 요청에 따라 헤드라인 뉴스뿐만 아니라 코로나 브이로그 시리즈를 제작하기도 했다.

말 그대로 코로나 시대 한국의 일상을 있는 그대로 보여주기 위해 다양한 장소에서 브이로그 형태로 촬영했습니다. 예를 들어 코로나로 인해 사람들이 집 안에 있는 모습을 보여주기 위해 사람이 거의 없는 지하철에서 촬영했습니다. 반대로 코로나가 갑자기 확대되던 시기엔 확진자가 많이 나온 장소 앞에서 직접 보도를 하고, 해당 장소가 폐쇄된 모습을 촬영하기도 했습니다.

또한 가수 빅뱅의 '승리' 사건은 요청에 따라 여러 편 만들게 되기도 했다. 이처럼 의견을 제대로 듣고 그 안에서 니즈를 명확히 파악하면, 구독자가 원하는 영상을 제작하는 데 큰 도움이 될 것이다. 단순히 댓글을 읽어보는 것 외에 구독자에게 직접 질문하고 의견을 받아볼 수도 있다. 유튜브 커뮤니티에 "어떤 소재를 만들면 좋을까?"와 같이 질문을 던질 수도 있고, 영상 내 직접 언급하면서 댓글을 유도할 수도 있다. 소중한 구독자 의견을 어떻게 활용해 영상 기획에 반영하는지는 온전히 크리에이터 선택이다. 그리고 그 선택은 구독자와 조회 수의 증감에 큰 영향을 미칠 것이다.

지나친 '어그로'는 구독자의 신뢰를 저버리는 행위이다

유튜브 영상을 기획할 때, 꼭 해야 하는 것도 있지만 피해야만 하는 요소도 있기 마련이다. 예를 들어 어린이를 메인 타깃으로 하는 영상에서 폭력적, 선정적인 콘텐츠를 다루는 것은 무엇보다 피해야 한다. 채널 특성과 타깃에 따라 피해야만 하는 요소는 다를 수 있다. 특히 뉴스 채널은 팩트와 객관적인 정보에 기반해야 한다는 기본을 놓쳐서는 안 된다.

흔히 말하는 "어그로(관심을 끌기 위해 자극적인 내용의 콘텐츠를 제작하는 것을 의미한다)를 끈다"라는 말이 있다. 시청자의 관심을 얻기 위해 영상과 크게 상관없는 자극적인 제목을 사용하는 경우를 말한다. 일반적인 채널에서 어느 정도의 어그로는 효과를 볼 수 있지만, 특히 뉴스 채널에서의 어그로는 큰 불만을 일으킨다. 예를 들어 방탄소년단과 상관이 없는 영상임에도, 방탄소년단을 제목에 넣어 어그로를 끌면 바로 구독자 취소와 같은 반응이 나타나는 것이다. 그리고 이를 객관적으로 비판하는 의견도 감내해야 한다.

유튜브 영상에도 '진정성'이 중요하다. 단기적 목표에 욕심을 부리느라 구독자의 신뢰를 저버리면 모든 것을 잃는 것이다. 특히 정보와 팩트를 다룬다면, 객관성은 절대 놓치지 않아야 할 가치인 것이다.

유튜브 영상 기획은 끝이 없다

유튜브 영상 기획을 한마디로 표현한다면 "끝이 없다"입니다. 영상을 기획하고 제작하고 나면 꼭 드는 생각이 하나 있습니다. '아 이것도 추가할 수 있었는데', '이것도 해볼 수 있었는데' 하는 아쉬움입니다. 매번 영상을 만들 때마다 최선을 다하고 공을 들이지만 다하고 나면 항상 아쉬움이 남습니다. 그리고 최종 영상을 보면 더 채울 수 있는 부분이 보일 때가 많습니다. 항상 최선을 다하지만 아쉬움이 남을 수 없는 것이 유튜브 영상을 기획하고 제작하는 것이기 때문에 "끝이 없다"라고 표현하고 싶습니다. 그리고 뉴스 영상의 소재를 찾는 입장에서 보면 유튜브 영상의 소재 역시 끝이 없습니다. 한번 다뤘던 소재라 할지라도 풀어가는 형식을 다르게 할 수도 있기 때문에 거의 무한에 가까운 소재들이 있다고 생각합니다. 이런 다양한 소재를 어떻게 기획으로 녹이느냐가 크리에이터의 능력이지 않을까 생각합니다.

구름 위 존재가 아닌 '내 옆의 친구' 같은 크리에이터

"유튜브 기자 크리에이터로서의 제 캐릭터는 '친구'라고 생각합니다." 제시카는 자신의 캐릭터가 일반 뉴스 기자와는 매우 다르다고 생각한다. 보통 기자라고 하면 딱딱한 이미지가 강하다. 의상도 정장에 가깝고 언제나 냉철함을 잃지 않을 것 같은 느낌이 있다. 하지만 제시카는 뉴스를 다루지만 유튜브 채널에서 활동하기 때문에 친근감 있는 편안한 친구 같은 이미지로 다가가기를 원한다. 그래서 캐주얼한 옷을 입는 편이다. 또한 자신의 이야기가 친구가 들려주는 것처럼 시청자들이 느끼도록 노력한다. 코로나 브이로그를 제작했을 때도 직접 마스크를 쓰고 사람들의 일상의 장소에서 취재한 것은 그러한 노력을 보이는 사례이다.

실제 대본에서도 "여러분들이 보는 것처럼 우리가 다른 나라에 있지만, 이 상황을 함께 겪고 함께 느끼고 있습니다. 제가 보는 그대로 제 친구인 구독자들에게 잘 전하고자 합니다"라는 내용이 있었습니다. 저는 앞으로도 유튜브에서 활동하는 기자로서 친근하면서도 더욱 공감할 수 있는 콘텐츠를 기획하는 크리에이터이고 싶습니다.

이처럼 크리에이터는 구름 위에 있는 닿을 수 없는 존재가 아니라 내 옆에서 함께하는 나와 다를 바 없는 친구에 가깝다. 그리고 이러한 이미지를 기획에 잘 담는 크리에이터가 시청자의 사랑을 받을 것이다.

인사혁신처 공식 채널
〈인사처TV〉
사무관 강보성

정부 부처도 소통을 위해
유튜브에 뛰어들다

특명, 유튜브를 통해 국민과 직접 소통하라

이제 유튜브 채널은 개인과 방송국만 개설하는 채널이 아니다. 다양한 조직에서 유튜브 채널을 개설하고 있다. 대한민국 정부를 포함해 각 중앙 정부 부처들도 예외가 아니다. 대부분 유튜브 채널을 개설해 운영하고, 수준 높은 오리지널 콘텐츠를 직접 제작해 국민과 소통하고 있다. 이는 효과적이고, 균형적인 정보를 직접 전달하고 싶은 목적의식 때문이다. 예전에는 대부분의 정보 전달이 언론사를 통해 이루어졌다. '보도자료를 방송과 신문사에 전달해 대중과 커뮤니케이션'은 일종의 공식처럼 이어져 왔다. 직접적인 커뮤니케이션이 아니라 '간접적인' 방식에 의존했던 것이다. 그러나 지금은 직접적인 소통이 필요한 시대이다. 대부분 정보가 주류 언론을 통해 전달되었던 시대는 가고, 다양한 온라인 플랫폼을 통한 정보가 넘쳐나는 시대이다. 그리고 국민에게 중앙정부 부처의 정보를 직접 전달하고, 쌍방향 소통을 할 수 있는 플랫폼이 바로 유튜브이다. 지금처럼 '중앙정부 부처의 유튜브 채널 운영'이 대세가 된 것이 오래된 이야기는 아니다. 약 3년 전만 해도 유튜브가 커뮤니케이션의 중심에 있지 않았다. 그러나 코로나19 사태 이후 언택트 커뮤니케이션의 중요성이 커지면서 자연스럽게 '유튜브' 채널의 중요도도 높아졌다.

〈대한민국 정부〉 채널은 유튜브를 통해 적극적인 국민과의 직접 소통을 이어가고 있다. 정부 관련 정책에 대한 가짜 뉴스에 팩트를 기반으로 대응하고, 정책형 뉴딜펀드, 추경 예산, 코로나 대응 관련 현황 등 중요한 정책과 정부 활동에 대해 상세하게 안내하기도 한다. 국민과의 직접적인 소통이 중요해진 지금, 유튜브는 중요한 도구로써 활용되는 것이다.

정부 부처들뿐만 아니라 각 시, 도 단위 지방자치단체들도 유튜브 채널을 개설해 운영한다. 가장 눈에 띄는 채널은 역시 〈충주시〉 유튜브 채널이다. 실제 충주시 공무원인 김선태 주무관이 기획, 촬영, 편집 등 다양한 역할을 동시에 맡으며 성공적인 구독자 반응을 이끌어냈다. 해당 채널의 성공 비결은 충주시에서 시민들에게 전달하고 싶은 메시지를 유튜브에 맞는 포맷으로 제작하는 데 있다. 가장 대표적인 사례가 '홍보맨' 영상이다. 인기 채널 〈워크맨〉 포맷을 패러디해 재미를 선사했다. '눕방(누워서 하는 방송을 의미한다)', '플렉스(돈자랑을 하는 것을 의미한다. 유튜브에서는 값비싼 제품을 영상에 노출하는 콘텐츠를 뜻한다)', 겟레디윗미**GRWM**, 인기 드라마 패러디 등 유튜브 상에서 유행하는 포맷을 누구보다 빠르게 적용하면서도 충주시의 정책과 자랑거리를 녹이는 실력이 상당하다. 말 그대로 메시지가 살아 있으면서도 재밌는 영상을 만드는 것이다. 이러한 충주시 '홍보맨'의 활약은 지방자치단체 유튜브 채널들에게 자극을 주면서 유튜브 채널 개설의 붐을 끌어냈다. 그리고 〈충주시〉 채널은 정부 기관 유튜브 채널들이 딱딱한 형식이 아닌 플랫폼에서 유행하는 포맷을 적극적으로 반영하게 하는 계기가 되기도 했다.

왜 탄생하게 되었나?

〈인사처TV〉는 정부부처 중 하나인 인사혁신처에서 운영하는 유튜브 채널의 이름이다. 공무원의 인사 관리, 국가직 공무원 채용시험 관리 역할을 하는 인사혁신처는 공무원 시험을 준비하는 공시생을 메인 타깃으로, 기관의 정책 설명과 함께 공무원에 대한 긍정적 이미지 제고를 위해 유튜브 채널을 운영한다. 메인 타깃은 20, 30대이기 때문에 웹드라마, 웹 예능처럼 유튜브 트렌드에 적합한 포맷을 반영하기도 하고, 펭수와의 협업처럼 다양한 컬래버를 통해 채널의 영향력을 확대해 나가고 있다. 또한 〈인사처 TV〉는 시리즈에 기반해 다양한 영상을 제작하고 있다. 가장 대표적인 시리즈물은 공시생을 대상으로 한 '전지적 공무원 시점', 워크맨을 패러디해 공무원들의 일하는 모습을 소개하는 '피크맨'이 대표적이다. 공무원 준비생들에게 정확한 정보를 제공하고, 공무원의 이미지를 증진하기 위한 목적성을 딱딱하게 강조하는 것이 아니라 친숙하고 인기를 끄는 포맷을 빠르게 적용하는 방식을 채택했다. 그 결과 그저 재미없는 정책 전달용 영상이 아니라 재미와 정보 두 마리 토끼를 잡은 영상이 탄생한 것이다.

블로그처럼 여러 채널 역시 운영하고 있으나, 인사혁신처가 유튜브 채널을 운영하는 이유는 명확하다. 첫째, 국민이 유튜브를 통해 온라인으로 소통하는 시대 흐름에 발맞춘 것이다. 둘째, 공무원에 대해 왜곡된 정보가 발생할 경우, 이에 대해 대응하기 위해 정확한 정보를 전달하는 것이다. 이는 공무원 인사와 시험 등 관련된 사실을 온라인에서 제공하기 위함이다. 이를 종합해서 정리하면 인사혁신처가 국민에게 직접적으로 전달하고 싶은 메시지를 온라인에서 가장 효과적으로 전하는 채널이 유튜브인 것이다.

'홍보'와 '재미' 두 마리 토끼를 모두 잡고 싶다면?

인사혁신처는 중앙 정부 부처 중 젊은 조직으로 손꼽힌다. 그에 걸맞게 2018년 빠르게 유튜브 채널을 시작했다. 당시 유튜브 채널은 기관장의 동정, 행사 스케치 등 정보를 쌓아놓는 아카이브형 성격이 강했다. 그러나 2019년 1월부터 채널 성격이 달라진다. 유튜브 채널용 오리지널 콘텐츠를 본격적으로 제작하기 시작한 것이다. 변화를 알리는 코너는 공시생을 타깃으로 한 공무원 시험 관련 콘텐츠였다. 개그맨 김기열과 함께 담당 사무관이 출연해, 대담을 통해 공무원 시험을 친숙하고 쉽게 전달하는 영상을 제작했다. 유튜브를 통한 직접적인 소통의 신호탄이었다. 예전에는 공무원 시험과 관련된 소식은 활자 형태의 공지에 주로 의지했다. 시험을 준비하

개그맨과 담당 사무관이 함께 출연, '공무원 시험'을 주제로 한 대담 콘텐츠 영상

는 사람들은 담당자에게 더 궁금한 소식이 많았지만, 담당 공무원과 적극적으로 소통할 방법이 마땅치 않았다. 그래서 다른 유튜브 채널, 먼저 시험을 준비한 선배, 관련 사설 업체를 통해 자세한 정보를 얻어야만 했다. 하지만 유튜브로 담당 공무원의 이야기를 듣게 되었고, 이는 제한적인 정보에 목말라했던 공시생에게는 가뭄의 단비 같은 역할을 하게 되었다.

또한 같은 해 7월 공무원 브이로그 형식을 적극적으로 차용하면서 내부와 외부에서 좋은 피드백을 들을 수 있었다. 공무원의 일상을 자연스럽게 보여줌으로써 그들의 하루가 궁금했던 국민과 공시생들의 니즈를 충족하고, 공무원의 이미지를 친숙하게 전달하는 것에도 성공할 수 있었다. 〈인사처TV〉에서도 홍보와 재미라는 요소 사이에서 많은 고민을 했다고 한다. 국민에게 전달하고 싶은 정보가 많았기 때문에 이를 직접적으로 전달하는 데 집중했지만, 구독자 반응이 높지 않았다. 홍보를 위해 일방적으로 많은 정보를 담는다고 해서 그 정보가 모두 구독자에게 전달되는 것이 아니었다. 그러나 브이로그를 통해 '공무원의 일상'에 전달하고 싶은 메시지를 가볍게 녹이니 오히려 더 많은 반응을 불러일으킨 것이다.

홍보를 목적으로 유튜브 영상을 제작할 때, 가장 어려운 점은 전달하고자 하는 홍보 목적을 달성하는 동시에 많은 사람이 영상을 보게 만드는 것이다. 하지만 너무 많은 정보를 담은 영상을 재미있게 만드는 것이 쉽지는 않다. 이 때문에 채널 내 영상 코너별 목적을 명확히 해야 한다. 한 편의 영상으로 홍보와 재미를 다 잡는 것보다는 홍보를 위한 정보에 좀 더 방점을 찍는 코너, 보기 편안한 재미형 코너를 같이 운영함으로써 전체적으로 목표를 달성하는 전략을 짜는 것이 유효할 것이다. 〈인사처TV〉도 재미를 통한 메시지 전달에 집중한 브이로그, 웹 예능의 코너와 정보성 코너를 함께 운영한다. 이를 통해 채널 전체에서 얻고자 하는 목적을 달성해 나간다.

2020년은 '코로나19를 이겨내자' 캠페인을 시행한 것처럼 좀 더 다양한 소재와 형식의 영상들을 시도한 시기이다. 또한 채널 담당자인 강보성 사무관을 포함한 다양한 공무원들이 실제 출연을 하면서 국민에게 적극적으로 다가가려고 한 시기이기도 하다. 워크맨의 공무원 버전인 '피크맨'은 홍보 목적과 재미라는 두 마리 토끼를 다 잡은 사례이다. 소방관, 철도경찰, 해양 경찰, 경복궁에서 근무하

채널의 홍보 목적과 재미라는 두 마리 토끼를 다 잡았던 '피크맨' 영상

는 문화재청 공무원, 농림축산식품부 검역관 등 국민을 위해 보이지 않는 곳에서 노력하는 공무원들의 업무를 웹 예능 형식으로 전달했다. 이를 통해 "우리의 식탁 위로 올라오는 돼지고기를 믿고 먹을 수 있었구나", "소방관분들을 위한 병원이 생겼으면 좋겠습니다" 등 공무원의 업무에 대한 긍정적인 반응을 끌어냈다.

잡힐 듯 잡히지 않는 '아이디어'를 잡아라

이 채널을 담당하는 강보성 사무관은 인사혁신처에서도 가장 젊은 직원 중 하나이다. 인사혁신처는 유튜브 채널의 변화를 원하고 있었다. 이에 채널을 담당할 젊은 사무관을 찾았고, 강보성 사무관은 신입 공무원이 되자마자 유튜브 채널에 투입되었다. 약 4년 정도 콘텐츠를 기획하고 제작했던 그에게 아이디어를 얻는 원천이 무엇인지를 살짝 물어보았다.

평소에 시간이 나는 대로 다양한 유튜브 채널을 많이 챙겨봤습니다. 아무래도 재미있는 영상을 기획하기 위해 요즘 뜨는 예능 클립, 웹 예능 형태의 영상을 주로 보면서 저희 영상에 반영할 요소를 살펴보았습니다. 정부 기관 콘텐츠도 많이 봤었는데요. 특히 '범 내려온다' 영상처럼 국민의 사랑을 받은 영상의 성공 포인트를 분석하고, 이를 잘 반영

하기 위해 많은 고민을 기울이곤 했습니다.

영상 기획을 위해서는 역시 '많이 보는 것'이 중요하다. 이를 통해 최근 유행하는 편집과 자막 스타일, 밈, 유행어, 웹 예능의 포맷 등을 알 수 있다. 그리고 이러한 포인트들을 영상 기획에 적절히 반영하기 위해 노력하는 것이다. 그리고 채널과 같은 카테고리로 묶이는 다른 채널들을 살펴보는 것도 중요하다. 비슷한 포맷을 가진 채널의 경우, 어떤 기획으로 수많은 구독자의 사랑을 받게 되었는지를 잘 살펴봐야 한다. 기업 유튜브 담당자라면 회사의 홍보 포인트를 어떻게 녹일지 고민할 것이다. 이때 다른 기업 유튜브 채널에서 성공한 포인트는 중요 참고 포인트가 된다. 강보성 사무관도 다른 정부 기관 유튜브를 챙겨보고 성공 공식의 인사이트를 찾아내려 많은 노력을 기울였다.

또 하나의 중요 포인트는 트렌드에 대한 분석이다. 유튜브는 어떤 채널보다 트렌드에 민감하다. 최신 트렌드를 영상에 담는다는 것은 그만큼 많은 사람이 볼 확률이 높아진다는 것을 의미한다. 이를 위해 그는 MZ 세대의 트렌드를 메일링으로 알려주는 서비스를 이용한다.

가끔은 아이디어를 짤 때 사무실을 벗어나서 카페에 가곤 합니다. 그곳에 앉아 있는 것만으로도 평소와 다른 생각을 하기 쉽기 때문입니다. 그리고 저희 팀 PD와 작가들과 자유롭게 잡담하다가도 자연스럽게 영상에 대한 아이디어가 튀어나오곤 합니다. 그리고 아무래도 기획 주제가 정책 홍보라서 영상으로 쉽게 풀어내려고 많은 노력을 하는 편입니다.

다양한 채널을 분석하고 트렌드에 대한 정보를 접하는 것만으로 기획을 위한 아이디어를 얻을 수는 없다. 수많은 노력을 통해 보물 같은 아이디어를 뽑아내려 최선을 다하는 것이다. 이처럼 유튜브 콘텐츠 기획자들에게 사랑받는 영상 기획의 아이디어는 항상 잡힐 듯 잡히지 않는 '월척짜리 물고기'처럼 쉽지 않은 목표물인 것이다.

유튜브 세계에서는 유튜브용 영상이 성공한다?!

다양한 정부부처 유튜브 채널 중 〈인사처TV〉의 가장 큰 특징은 유튜브 전용 영상 위주로 기획하고 제작한다는 것입니다. 큰 부처는 유튜브뿐만 아니라 홍보 채널과 수단이 다양하기 마련입니다. 이 때문에 '범용 영상'을 많이 제작하기도 합니다. 예를 들어 하나의 영상을 유튜브뿐만 아니라 TV와 KTX 열차에 내보내는 것처럼 다양한 곳에서도 활용될 때가 있습니다. 그러나 인사혁신처 유튜브 영상은 최우선으로 유튜브 업로드를 고려해 제작하고 있습니다.

물론 요즘 대부분의 정부부처 유튜브 채널의 경우, 주로 유튜브 오리지널 콘텐츠 제작의 비율이 높다. 그러나 강보성 사무관의 말처럼 상대적으로 범용 영상을 제작할 때가 있다. 상영되는 플랫폼에 따라 영상 특성은 전혀 달라진다. 예를 들어 올해 시행되는 '9급 공무원 시험'을 소재로 영상을 제작한다고 해보자. 상대적으로 짧은 시간 안에 많은 정보를 압축적으로 보여줘야 하는 TV 광고 형태라고 한다면, 이번 공무원 시험의 주요한 팩트를 중점적으로 전달하는 데 집중해야 할 것이다. 그러나 유튜브 채널은 담당 사무관과 공시생의 대화, 라이브 Q&A, 브이로그 등 여러 형태로 제작이 가능하다. 유튜브에 맞는 포맷의 영상을 제작해야 채널 내에서 구독자의 사랑을 받을 확률이 높아지는 것은 당연한 이치이다. 반대로 다양한 플랫폼에 두루두루 적용이 가능한 영상은 유튜브 내에서의 성공 가능성이 낮아질 수밖에 없다.

유튜브 트렌드를 최대한 빠르게 반영하려 노력했습니다. 〈워크맨〉이라는 웹 예능이 저희 채널 방향성과 일치하는 부분이 많다고 판단해 다른 어떤 채널보다 이 영상의 강점을 빠르게 받아들이려고 했습니다.

〈인사처TV〉의 또 다른 강점은 유튜브 트렌드를 빠르게 적용한다는 것이다. 〈충주시〉의 주요 성공 요인 중 하나인 '트렌드의 반영'은 사랑받는 영상을 만들기 위한 필수 조건이다. 유튜브를 처음 시작한다면 항상 인기가 많은 영상을 챙겨보고, 내 채널의 특성에 어떻게 접목할 수 있을지 고민해야 한다. 이때 단순히 유행하는 것을 따라가려고만 한다면, 성장에 한계가 있을 것이다. 중요한 포인트는 '내 방식으로 녹여내기'이다. 내 채널이 '직업'과는 전혀 관련이 없는 채널인데, 억지로 〈워크맨〉의 포맷을 그대로 받아들일 필요는 없다. 오히려 이 포맷의 자막 방식, 편집 특성을 내 채널에 맞게 변형하는 것이 더 효과적일 것이다. 남들의 성공 방정식을 뒤늦게 따라 하기보다는 그들의 성공 방식에서 또 다른 나만의 방식을 찾는 것이 앞서 나가는 지름길일 것이다.

영상 오프닝은 '기승전결'보다는 '결결결결'로?

영상을 최대한 간결하고 짧게 만드는 것이 중요하다고 생각합니다. 아무래도 일반 유튜브 채널 대비 필수적으로 담아야 하는 정보들이 있기 때문에 이를 늘어지지 않게 담아내려고 합니다. 그래서 대부분 3분 분량의 영상으로 제작했습니다. 단순히 영상 시간을 짧게 한다기보다는 편집의 템포를 빠르게 가져가는 게 중요하다고 생각합니다. 개인적으로 일반 TV 예능 대비 유튜브 채널의 속도감은 좀 더 빠른 것이 최근 트렌드인 것 같습니다. 〈맛있는 녀석들〉 채널에서 제작한 유튜브 오리지널 콘텐츠 '오늘부터 운동뚱'을 TV에서 본 적이 있는데, 모바일에서

와는 다른 속도감을 느꼈어요. 그때 '아 플랫폼마다 적합한 영상 속도 감이 있구나'라는 생각을 하게 되었습니다.

〈인사처TV〉의 유튜브 영상은 대부분 속도감을 짧게 가져가려고 노력한다. 필수적으로 담아야 하는 정보를 보여주면서 지루하지 않은 영상을 만들기 위해서이다. 또한 영상의 형태를 '기승전결'로 가려고 하지 않는다.

구독자들은 영상 초반을 보고 계속 볼지 말지를 결정합니다. 이를 위해 초반에 관심을 사로잡는 장치들이 필요한데요. 그래서 '기승전결'을 차례대로 보여주는 방식을 택하기보다는 '결결결결' 형태로 영상을 기획해야 한다고 생각합니다. 처음부터 가장 핵심적인 결론들을 보여주고 흥미를 영상 끝까지 유지하는 것이 구독자의 관심을 붙드는 방법 중 하나라고 생각합니다.

유튜브에는 지금 이 순간에도 수없이 많은 영상이 업로드되고 있다. 모두가 영상을 만들고 업로드할 수 있는 이 시대에서 치열한 경쟁을 이기고 사람들의 사랑을 받는 영상은 제한적이다. 이 때문에 유튜브를 이용하는 시청자들은 수없이 많은 영상 중에서 '선택'을 해야 한다. 초반 5초 이내에 이목을 끌지 못하는 영상은 바로 시청을 중단하고 다음 영상으로 넘어가는 경우가 많다. 초반 5초 안에

이목을 끌어야 하는 것이다. 영상 오프닝에는 가장 재밌는 장면을 하이라이트로 보여주거나, 영상에서 가장 하고 싶은 말을 두괄식으로 아예 정리하고 시작하는 경우가 많은 이유이다.

〈인사처TV〉 채널 영상 코너로 설명하자면 '피크맨'의 경우 오프닝에 가장 중요한 장면을 넣고, 정책을 설명하는 영상에서는 정책 핵심 메시지를 담았습니다. 예를 들어 7급 공무원 시험에 새로 적용되는 내용이 있다고 한다면, 영상 오프닝에서 바로 "7급 공무원 시험에 ○○○이 적용됩니다"라고 시작합니다. 시청자들은 재미없고 흥미 없는 영상을 기다려주지 않습니다.

유튜브 영상을 기획하고 제작할 때 "오프닝에 가장 중요한 장면 혹은 메시지를 담아라"는 그의 메시지를 가슴에 새겨야 할 것이다.

유튜브 채널 기획! 이런 것만은 피하자

〈인사처TV〉 채널에서 영상 제작에 가장 신경 쓰는 요소는 아무래도 '맞춤법'입니다. 말하면서도 좀 아찔한데요. 인사혁신처는 공무원 채용 시험을 주관하는 곳입니다. 9급 공무원 시험에는 국어 시험이 있고, 맞춤법 문제가 출제되는 경우가 있습니다. 만일 그분들을 타깃으로 하는 영상에서 맞춤법이 틀린다면 굉장히 곤란해집니다. 또한 영상에 무심코 담길 수 있는 젠더 문제, 소수자 차별 등도 항상 고려해야 합니다. 특히 젠더 이슈는 남성과 여성 어느 한쪽의 관점에 치우쳐서 영상을 제작하면 많은 저항을 불러일으킬 수 있습니다. 또한 적당한 B급 감성은 좋지만, 정도가 심한 자극적인 소재를 사용하는 것은 지양하려고 합니다. 아무리 재미가 중요하지만 정부 중앙부처다 보니 지켜야 할 선이 있거든요.

유튜브 채널 특성에 따라 정도는 다르겠지만 '맞춤법과 같이 기본적인 요소 지키기', '성에 대한 평등한 시각', '너무 자극적인 소재는 피하기' 등은 모든 채널에 적용 가능한 요소일 것이다. 치열한 유튜브 환경에서 이목을 끌기 위해 자극적인 소재를 과도하게 차용하는 경우가 있다. 이 경우 오히려 '노란 딱지'를 받아 채널 운영에 큰 지장을 받거나, 구독자들이 구독을 취소할 수 있다. 이 때문에 재미와 흥미를 추구하면서도 선을 지키는 것이 무엇보다 중요하다.

유튜브 영상 기획은 '소꿉놀이'다

유튜브 영상 기획은 '소꿉놀이'라고 생각합니다. 기획자 마음대로 판을 깔 수 있는 곳이라는 의미에서 '소꿉놀이'에 비유해 보았습니다. 아무래도 제작비에 따라 영상 퀄리티와 인기도가 어느 정도 비례하는 영화, TV 콘텐츠와 달리 유튜브 콘텐츠는 상대적으로 적은 비용이라도 좋은 아이디어라면 성공할 가능성이 있습니다. 그래서 오히려 모든 사람에게 기회를 제공하는 플랫폼이라고 생각합니다.

유튜브 채널은 모두에게 기회가 열린 플랫폼이다. 물론 그만큼 치열한 경쟁이 있는 곳이기도 하다. 하지만 예전이라면 아예 나의 끼와 콘텐츠를 노출할 기회 자체가 없었을 것이다. 그리고 정부부처는 국민과 직접적으로 소통할 기회가 제한적일 수밖에 없었을 것이다. 이러한 유튜브를 '놀이터'로 만들지, '전쟁터'로 만들지는 영상을 기획하고 제작하는 방식과 노력에 달렸다고 볼 수 있다.

정보 전달 크리에이터는
항상 트렌드의 정점에 서야 한다

차별화된 크리에이터 캐릭터를 잡는 것이 중요하다

자동차 유튜브 채널 〈차봤서영〉은 자동차 관련 전문 기자였던 최서영 크리에이터가 운영하는 채널이다. 기자 시절 한 언론사 채널의 자동차 관련 유튜브 콘텐츠를 직접 취재하고 출연했다. 이렇게 약 3년 동안 현장을 취재하고 공부하면서 쌓아온 전문성은 자동차 크리에이터로서 유감없이 발휘되고 있다.

〈차봤서영〉은 신차 소식, 자동차 리뷰, 시승기를 주로 하는 채널입니다. 자동차 관련 유튜브 채널은 20~50대 남성들이 주로 구독하고 있습니다. 크리에이터들도 마찬가지입니다. 기자 출신이나 자동차와 관련된 탄탄한 전문성을 지닌 30대 이상의 남성 크리에이터가 많이 활약하는 분야입니다. 그래서 '전문성을 갖춘 젊은 여성 자동차 크리에이터' 라는 캐릭터는 낯설기도 하면서 동시에 새로운 존재였다고 생각합니다.

유튜브 채널을 구성하는 요소 중 '크리에이터 캐릭터'는 아주 중요한 요소라고 할 수 있다. 같은 분야라 할지라도 캐릭터에 따라 채널 특성이 전혀 달라지기 때문이다. '음식'과 관련된 크리에이터를 예로 들어보자. 같은 먹방 채널을 운영하지만 〈tzuyang쯔양〉, 〈산적TV 밥굽남〉의 캐릭터는 전혀 다르다. 크리에이터 쯔양은 동생, 친구, 손녀 같은 캐릭터로 '친근한 먹방'을 선보인다. 한 할머니

퇴사 브이로그 영상

가 운영하는 식당을 갔을 때도 '할머니와 손녀' 같은 훈훈한 분위기를 연출했다. 반면 산적TV는 야외에서 통삼겹살 바비큐, 송아지 토마호크 숯불구이 같은 '상남자', '산적'의 캐릭터가 강조된 요리 먹방을 진행한다. 이처럼 크리에이터 캐릭터에 따라 콘텐츠 방향성은 전혀 달라진다. 이 때문에 내 채널을 기획한다면, 우선 크리에이터로서 나의 캐릭터를 어떻게 잡을지가 중요한 요소가 된다. 채널 전체의 방향성에 맞는 매력적인 크리에이터 캐릭터가 합쳐진다면 사랑을 받는 채널이 될 가능성이 높아질 것이다.

퇴사 후 '어떤 채널을 운영할까'에 대해 많은 고민을 했습니다. 요즘은 유튜브 크리에이터로 살아남기가 참 쉽지 않잖아요. 그래서 현실적으로 나의 경험과 전문성을 살릴 수 있는 '자동차 관련 시승기, 리뷰, 트렌드'를 다루는 채널을 운영하는 것이 좋다는 결론을 내렸습니다. 또 여성이 전문적인 시각에서 자동차 관련 정보를 제공한다는 것에서 차별점이 있을 것이라고도 생각했고요.

결국 크리에이터는 나만의 채널을 키워야 한다

크리에이터는 결국 나만의 채널을 키우는 것이 중요하다고 생각합니다. 크리에이터는 자신이 기획한 콘텐츠를 통해 말해야 하는 사람이기 때문입니다. 사실 퇴사를 결정한 것은 '내 이름을 걸고 나만의 콘텐츠를 제작하며 성장하고 싶다'는 생각이 커서였습니다. 〈차봤서영〉이라는 나만의 채널을 열고 크리에이터가 된 이유입니다.

퇴사 후 개인 크리에이터 최서영은 대형 유튜브 채널이나 기업으로부터 출연자 제의를 여러 차례 받게 되었다. 기자 시절 쌓아두었던 노력 덕에 이뤄진 기회들이지만, 몇 차례 경험 이후 어느 순간 한계를 느끼게 되었다. 크리에이터가 다른 채널에 출연하는 것이 인지도를 높이는 데 도움이 될 수는 있지만 결국은 나만의 콘텐츠를 내 채널에서 보여주는 일이 중요하다는 것을 깨달았다. 크리에이터는 말 그대로 나만의 콘텐츠를 기획하고 이를 사람들에게 보여주는 직업이다. 내가 하고 싶은 메시지를 콘텐츠에 녹여 나를 드러내야 하는 것이다.

혼자 유튜브 채널을 운영하기 위해서는 경영자 마인드가 중요하다

'기자 시절이 콘텐츠를 제작하는 데 상대적으로 편했었구나' 하는 생각을 하곤 합니다. 그때는 말 그대로 콘텐츠를 제작하는 것에만 집중할 수 있었거든요. 이동할 때도 회사 차량 지원이 되었고, 언론사였기 때문에 차량 섭외도 지금보다는 수월한 편이었습니다. 편집자, 촬영 스태프 등 대부분의 업무가 분업화되어 있었습니다. 그런데 제 개인 채널을 운영하면서 '아 모든 것을 결국 내가 해야 하는구나'라는, 어쩌면 당연한 사실을 뼈저리게 깨달았습니다.

자동차 유튜브 채널의 경우 영상을 촬영할 때 특수성이 있습니다. 자동차라는 상품 자체가 크기 때문에 저 혼자 촬영하는 데 한계가 있습니다. 고정해서 찍을 수도 없기 때문에 꼭 누군가가 촬영해 주는 것이 효과적입니다. 채널 운영 초기엔 저 혼자 찍어보려고 했지만 크리에이터인 저와 저보다 열 배는 더 몸집이 큰 제품인 자동차 모두를 효과적으로 화면에 담기 어렵다는 것을 느꼈습니다. 이 때문에 촬영 스태프가 반드시 필요했고, 이는 곧 영상 제작 비용의 증가를 의미했기 영상을 채널 개설 후 온전히 영상을 제작하는 데 좌절이 컸습니다. 이처럼 개인 크리에이터는 직접 기획, 자동차와 촬영 장소를 섭외해야 하고 모든 비용을 스스로 충당해야 합니다.

저는 기자를 하면서도 콘텐츠 제작자로서는 나름대로 준비와 열정을 갖춘 상태였다고 생각했습니다. 그러나 직접 채널을 운영하면서 느낀 점은 '내가 채널을 운영하는 경영자로서는 한참 부족하구나' 하는 점입니다. 채널을 운영하는 것은 작은 회사를 운영하는 것과 같습니다. 어떤 사람을 뽑아 함께해야 하는지, 광고 콘텐츠 협상은 어떻게 다루어야 하는지, 전체적인 비용은 어떻게 운영해야 하는지 등 경영자적인 관점에서는 아는 것이 없었습니다. 만약 유튜브 채널을 준비하려는 분이 있다면, 특히 제 채널처럼 제작 단계에서의 특수성이 불가피하고 통상적인 범위를 넘어선 추가 인력이 필요한 채널이라면 꼭 채널 운영에 대한 경영적인 부분도 미리 고민하고 준비해야 한다고 생각합니다.

유튜브 채널을 운영한다는 것은 크리에이터인 동시에 경영자가 되는 것을 의미한다. 아무리 크리에이터로서 뛰어나다고 할지라도 경영자적인 준비가 부족하다면 채널을 키워나가는 것에 한계를 느낄 수 있다. 이 때문에 이러한 부분을 채워주는 다중 채널 네트워크 MCN에 소속되어 일하는 것도 하나의 방법이 될 수 있다. 콘텐츠 자체에 집중할 수 있는 장점이 있기 때문이다. 모든 것을 내가 운영하는 것과 MCN의 도움을 받는 것의 장단점이 있을 것이다. 이러한 부분을 꼼꼼히 고민해 보고 장기적으로 채널을 운영할 수 있는 현실적인 방법을 찾는 것이 중요하다.

자동차 크리에이터는 가장 '핫한' 자동차를 직접 보여줘야 한다

아무래도 자동차 관련 채널이기 때문에 가장 이슈나 바이럴이 많이 되는 자동차 이야기를 할 때 가장 높은 반응을 얻는 것 같습니다. 우선 실물 차량을 보여주는 경우입니다. '핫하다는 쌍용 토레스 계약하러 가보

가장 관심도가 높은 자동차들을 비교해 큰사랑을 받았던 영상

니…', '현대 아이오닉6 세계 최초 공개 실물 리뷰' 영상처럼 구독자들이 가장 관심을 가질 만한 차량을 직접 보여주면서 리뷰하는 영상입니다. '백문불여일견'이라고 계속 말로만 설명하는 것보다는 실물을 보면서 혹은 직접 운전해 보고 리뷰하는 것이 영상을 보는 구독자들에게 이해도 높은 정보를 전달한다고 생각합니다. 이때 기아 브랜드사 전기차 EV6를 리뷰를 한다고 해서 해당 차량에 대해서만 이야기하는 것보다는 해당 제품의 경쟁 모델인 현대차의 전기차 아이오닉5와 비교 포인트를 중심으로 리뷰했을 때 더 많은 관심을 받았습니다.

이처럼 구독자들의 입장에서 가장 관심도가 높은 자동차를 비교하며 여러 각도에서 전달하는 것이 중요한 포인트라고 생각합니다. 또 다른 방향은 실제 자동차를 보여주는 것이 아닌 자동차 시장 트렌드에 대한 분석, 앞으로 출시될 자동차에 대한 이야기를 풀어내는 것입니다. 제가 수집한 정보들을 정리해서 전달하고, 의견을 더하는 소위 '썰' 형식의 영상도 많은 사랑을 받았었습니다. 현재까지 공개된 신형 그랜저에 대한 정보를 전달하고 저만의 예측 포인트를 더했더니 상대적으로 높은 조회 수를 기록했습니다.

분야마다 구독자가 선호하는 전달 방식이 존재한다. 특히 특정 상품에 대한 정보를 전달하는 'IT', '자동차'의 채널은 누구보다 빠른 정보 전달, 그리고 크리에이터만의 관점을 더하는 것이 중요하다. 그리고 정보를 전달할 때 가능하다면 실물을 보여주는 것이 효과적이다. IT 크리에이터 영상을 예로 들면 애플과 삼성 등 최신 단말기의 실물을 가장 먼저 공개할 때 높은 조회 수를 기록하는 경우가 많다. 구독자들이 가장 궁금해하는 최신 정보이기 때문이다. 최신 단말을 가장 먼저 사용해 보고 정리한 장단점에 대한 정보는 정말 귀중한 정보가 되기 마련이다. 자동차 크리에이터도 마찬가지이다. 자동차라는 소재도 결국 실물을 보여주는 것이 중요하다. 또한 여기서 크리에이터만의 관점이 중요하다. 단순이 차만 보여주면서 끝내는 것이 아니라 경쟁 차량과의 비교 포인트, 사용을 통해 느낀 장점과 단점들이 그것이다. 〈차봤서영〉이 짧은 시간 안에 구독자들의 사랑을 얻은 것은 결국 '자동차 정보 크리에이터'로서 가져야 할 강점을 갖추었기 때문이다.

의외로 사랑을 받은 영상도 있습니다. 요즘 유튜브 '쇼츠' 영상이 대세 잖아요. 우연히 운전하다가 음악을 듣고 있는데 그 자체로 너무 행복한 기분이 들더라고요. '운전할 때의 낭만'을 주제로 간단히 비 오는 날의 드라이브 장면을 쇼츠로 올렸는데 조회 수 150만 회 이상을 돌파하며 큰 사랑을 받은 경우가 있습니다. 쇼츠 영상은 힘을 빼고 자연스럽게 만들 때 더 잘되겠다는 생각을 하게 되었습니다. 앞으로 쇼츠와 관련해서도 정보형, 공감형 등 다양한 형태를 고민해서 제작할 예정입니다.

반대로 조회 수가 낮았던 경우도 있었는데요. 크리에이터로서는 이러한 경험들이 쌓여 큰 인사이트가 되는 것 같습니다. 롤스로이스와 한

명품 브랜드의 컬래버 정보를 영상에서 전달한 적이 있습니다. 사실 개인적으로 관심이 있어 제작한 영상이었지만, 채널의 구독자들의 타깃과는 크게 맞지 않았습니다. 해당 명품 브랜드가 주로 여성들의 관심도가 높은 브랜드였기 때문에 이목을 덜 끌었다고 판단하게 되었습니다. 이때 깨달은 것이 '크리에이터가 좋아하는 것과 구독자가 좋아하는 것은 다르다'는 점입니다. 그 이후 구독

'운전이 낭만이 되는 순간'을 유튜브 쇼츠로 제작한 영상

자 타깃에 맞는 기획에 더 초점을 맞추고 있습니다.

정보 전달 크리에이터는 트렌드 정점에 서야 한다

특히 정보를 전달하는 크리에이터는 대중이 가장 관심 있어 하는 트렌드를 항상 숙지해야 한다고 생각합니다. 저도 항상 자료를 수집하면서 트렌드를 읽는 눈을 가지려고 노력합니다. 그리고 단순히 트렌드만을 파악하는 것이 아니라 미래에 대한 예측까지도 할 수 있어야 한다고 생각합니다.

저는 자동차라는 제품을 주로 다루기 때문에 브랜드별로 연구를 주로 하고 있습니다. 각 브랜드들이 어떤 방향으로 나아가는지, 그 안에서 구체적으로 어떤 자동차들을 준비하는지 등을 파악합니다. 브랜드별로 중장기적인 계획을 지켜보다 보면 '아 이때쯤 어떤 것들이 사람들에게 핫하겠다', '이런 제품들이 출시되겠다'에 대한 인사이트가 생깁니다. 그 외에도 서점을 자주 가는데요. 개인적으로 서점이라는 공간을 좋아하기도 하지만, 서점은 분야별 트렌드를 한눈에 파악할 수 있는 정보의 장이라고 생각해서 방문합니다. 베스트셀러 목록만 봐도 현재 사람들이 무엇에 관심이 있는지 어느 정도 파악하기 수월하다고 생각합니다. 만약 서점에 갈 시간이 부족하다면 서점 사이트에 방문해 베스트셀러, 스테디셀러, 신간 목록을 찬찬히 살펴보기도 합니다.

자동차 관련 국내외 뉴스를 챙겨보는 것은 기본 중의 기본일 텐데요. 저는 기사 내용뿐만 아니라 사람들의 댓글을 유심히 살펴보곤 합니다. 그 안에서 사람들이 원하는 것에 대한 인사이트를 얻을 수 있거든요. 마지막으로 주변 지인들의 이야기에 귀를 기울입니다. 제 주변 지인들은 결국 자동차라는 제품을 실제로 사고 또 타는 소비자잖아요. 제가 자동차 크리에이터이기 때문에 저한테 앞으로 어떤 차를 사야 할지 질문을 던지곤 합니다. 이때 대화를 통해서 일반 소비자들이 어떤 것을 원하는지, 실 차량 구매 시 어떤 고민을 하는지 자연스럽게 파악하게 됩니다.

정보를 전달하는 크리에이터는 결국 '존버' 해야 한다고 생각해요. 제가 자동차라는 분야에 도전하기로 마음먹었을 때, 솔직히 이게 '삽질'이 될 수도 있겠다는 생각을 했어요. 여성이 자동차를 주제로 정보를 알려준다는 것에 반신반의하는 사람도 있었죠. 콘텐츠를 제작하면서도 스스로 '이게 맞는 길인가?' 하고 고민했던 적이 많아요. 그런데 어느 순간 그런 생각이 들더라고요.

'이게 삽질이면 어때. 내가 선택하고, 삽을 들고, 땅을 파고 있으니 기왕이면 구멍을 더 크게 파보자. 언젠가 정말 이 일이 바보 같은 삽질이 맞았다고 판명되더라도 괜찮아. 큰 구멍을 파고, 혼자 삽질을 해내는 긴 과정 동안 두 팔엔 엄청난 근육이 붙을 테니까. 그럼 그 근육으로 다른 무슨 일이라도 할 체력이라도 기를 수 있지 않을까?'라는 생각으로 임하고 있습니다.

저는 정보 전달형 여성 자동차 크리에이터로서 우직한 길을 걷고 있다고 생각해요. 구독자를 늘릴 수 있는 쉽고 빠른 길이 있다고들 하지만 그냥 제가 가야 할 길을 걷는 거죠. 언젠가는 이 분야에서 인정받을 날이 올 것이라 믿기도 하고요. 꼭 그렇지 않더라도, 단 한 사람의 구독자에게라도 제가 전달하고자 하는 진심이 통한다면 그걸로 좋고요. 무엇보다 그 모든 과정에서 저는 근육 운동을 하면서 체력을 기르고 있잖아요. 얼마나 감사한 일인가요!

특히 정보를 전달하는 크리에이터는 '트렌드에 대한 정보'에 민감해야 한다. 정보를 효율적으로 잘 정리해서 전달하는 것도 중요하지만 여기에 더해 미래 예측처럼 수준 높은 정보를 전달해야 하기 때문이다. 이는 쉽게 얻을 수 없는 능력이다. 최서영 크리에이터가 하는 것처럼 매 순간 정보를 얻고 내 것으로 만들기 위한 노력이 필요하다. 크리에이터가 말하는 '삽질'도 결국 선택한 길을 우직하게 걷는 인간이자 크리에이터로서의 노력에 대한 비유일 것이다. 한 길을 우직하게 걷는 치열한 노력이 더해지면, 자연스레 전문성은 쌓인다. 그 일을 끝까지 놓지 않았을 때 언젠가 구독자의 인정을 받을 것이다. 어느 순간 그 전문성이 크리에이터의 '본질'이 되기 때문이다.

단순히 정보를 전달하는 것이 아니라 '플러스알파'를 고민해야 한다

자동차 크리에이터 영상은 '현장에서의 치열한 싸움의 결과'라고 생각합니다. 짧은 시간 안에 얻은 정보를 정리해서 촬영까지 마쳐야 하는 경우가 많기 때문입니다. 이 때문에 현장에서 얻은 정보를 마치 프레젠테이션을 하듯이 설명하는 경우가 많습니다. 이때 나만의 '차별화 포인트'가 있어야 합니다. 보도자료에 나와 있는 정보는 어느 채널에서나 들을 수 있는 이야기잖아요. 그래서 그 외에 이야기를 담기 위해 노력합니다. 결국 '호기심'이 중요하다고 생각하는데요. 자동차를 보면서 궁금한 점을 담당자에게 따로 물어보기도 합니다.

때로는 현장에서 아무도 궁금해하지 않았던 정보였지만, 구독자의 반응이 좋았던 정보들도 있습니다. 제조사에서 소비자 편의를 위해 만든 작은 기능이 별것 아니라고 지나칠 수도 있지만, 의외로 소비자들은 그런 정보들을 차별화 포인트라고 생각하는 경우가 많았습니다. 예를 들어 신형 자동차 계기판 디스플레이에 '의문의 보드판'이 달려 있는 경우였는데요. 해당 차량을 디자인한 디자이너에게 직접 문의했더니 '휴대폰을 거치하거나 메모를 할 수 있는 보드'처럼 활용하는 공간을 만들고 싶었다는 의도가 있었더라고요. 제 호기심과 구독자들이 갖고 있는 궁금증이 만날 때, 반응이 좋은 영상이 나온다고 생각합니다. 그래서 저는 지금도 신차 발표회 현장에 가면 나만의 '플러스알파'를 찾아 나섭니다.

기본 전문성에 대한 업력이 대단히 높은 자동차 크리에이터들이 많습니다. 김한용, 장진택 등 전문 크리에이터 선배들을 보면 그저 대단하고, 저는 아직도 멀었구나 싶어요. 실제로도 그렇고요. 아직 전문성이 선배들에 비해 부족한 점이 많다고 생각합니다. 그래서 선배들과 다르게 저만의 차별점을 갖기 위해 발버둥 치고 있습니다. 정말 다행스럽게도 유튜브 세상에서는 '열정 높은 성장형 크리에이터'라는 캐릭터에 높은 점수를 주는 사람들이 많은 것 같습니다. 처음엔 정말 엉성했지만, 점차 시간이 흐를수록 성장하는 저의 모습에서 노력을 읽어주시는 구독자들이 있다는 걸 발견할 때가 있어요. 점점 성장하는 모습이 보기 좋다며 응원해 주는 댓글에 특히 큰 힘을 받을 때가 많습니다.

유튜브를 시작하려면, 이미 자리를 잡은 관련 분야의 크리에이터들과 경쟁을 피할 수 없다. 결국 나만의 무기를 찾아야 한다. 정보를 전달할 때도 나만이 전달할 수 있는 정보를 찾아내고, 그렇게 노력하는 캐릭터 자체를 차별화 포인트로 잡을 수 있을 것이다. 성장하는 아이돌에게 큰 사랑을 보내는 팬의 마음은 성장형 크리에이터를 응원하는 구독자의 마음과 크게 다르지 않을 것이다.

구독자가 원하는 정보를 전달하는 것이 중요하다

정보를 전달하는 크리에이터는 구독자가 원하는 정보를 전달하는 것이 중요하다고 생각합니다. 이를 위해서는 구독자들이 원하는 정보가 무엇인지를 아는 것이 먼저입니다. 평소에 제 영상에 달린 댓글을 모두 보는 편입니다. 그 안에는 구독자들이 원하는 정보, 영상의 방향 등 수많은 인사이트가 담겨 있습니다.

저는 라이브를 많이 하는 편인데요. 앞으로 어떤 콘텐츠를 제작하는 것을 원하는지 직접 물어보곤 합니다. 그리고 그때 나온 의견을 메모해서 다음 영상에 반영합니다. 쌍용자동차의 토레스 시승기를 업로드한 적이 있습니다. 영상을 통해 관련된 시승 행사에서 전달할 수 있는 정보는 모두 전달했다고 생각했습니다. 그런데 라이브를 하는 도중 오디오 관련 기능, 시트의 각도 조절을 추가적으로 알고 싶다는 의견들을 전달받았습니다. 그래서 고민하다가 직접 매장에 찾아가 추가 촬영을 진행했습니다. 추가로 요청받은 궁금증들을 영상에 담았습니다. 사실 이 사례는 저에게 큰 도움이 된 경우입니다. 다른 크리에이터들은 담지 못한 포인트를 보여주었기 때문입니다. 이 영상은 자동차 관련 커뮤니티에 여러 차례 공유되어 나름의 화제를 낳았습니다. 또 이를 통해 구독자들은 제가 자신들의 의견을 무시하지 않고 있다는 것을 알게되고, 서로가 더욱 끈끈해지고 있다는 것을 느낄 수 있었습니다. 앞으로도 구독자들의 이야기에 귀 기울이고, 그들이 진정 원하는 정보를 전

구독자들이 원하는 정보를 담은 자동차 리뷰 영상

달해야겠다는 생각을 갖게 되었습니다.

치열한 유튜브 시장에서 정보의 차별성을 갖는다는 것은 정말 어렵다. 그때 구독자의 의견을 세심하게 듣고 해결하는 것은 큰 해결책이 될 수 있다. 크리에이터 혼자 고민해서는 차별화 포인트를 찾는 데 한계가 있을 수밖에 없다. 구독자들은 크리에이터에게는 우군들이다. 우군들과 적극적으로 소통하고 그들의 목소리에 귀 기울이는 것이 어쩌면 차별화 포인트를 갖는 지름길일 것이다.

브랜디드 콘텐츠 제작 철칙:
구독자에게 정말 도움이 될 때 진행한다

저는 브랜디드 콘텐츠를 제작할 때 많은 고민을 하는 편입니다. 열 개 정도의 제안을 받으면 그중 한두 개를 선별하는 편인데요. 그때 저만의 철칙이 있습니다. '충분한 사전 조사와 담당자 미팅을 통해 해당 상품이 구독자들에게 실제 도움이 되는 정보라고 확신이 들 때에만 진행한다'입니다. 최근에 '전기차 렌트' 관련 브랜디드 콘텐츠를 촬영한 적이 있습니다. 해당 아이템을 결정한 것은 타사 대비 '전기차 점검 서비스'와 같이 가장 중요한 안전에 관한 문제를 관리해 주는 특화 서비스를 내세우는 업체였기 때문이었습니다.

이처럼 수차례에 걸친 깐깐한 조사 이후 브랜디드 콘텐츠에 대한 협업을 최종 결정하면, 그때는 광고주들도 구독자만큼 중요한 위치로 인식하는 것은 사실입니다. 콘텐츠 제작의 1순위는 구독자이지만 광고주역시 저를 통해 전달하고자 하는 메시지와 목표가 있기 때문에 어느 하나 소홀히 할 수가 없죠. 그래서 브랜디드 콘텐츠는 기획 단계에서부터 상당히 많은 고민이 이뤄지고, 그만큼 시간과 비용도 많이 듭니다. 일례로 전기차 렌트카 관련 콘텐츠도 일주일간 실제로 차량을 직접 체험하고 매일 촬영을 진행했습니다. 구독자와 광고주에게 제가 '프로'로 인식되기 위해서는 모두를 만족시켜야 하고, 그러려면 평소보다 수 배더 많은 노력을 기울여야 한다고 생각합니다.

최근 브랜디드 콘텐츠(다양한 문화적 요소와 브랜드 광고 콘텐츠의 결합으로, 콘텐츠 안에 자연스럽게 브랜드 메시지를 녹이는 방식) 제작의 비율이 높아졌다. 이는 크리에이터에게 중요한 수입원 중 하나가 되어가고 있다. 여기서 중요한 점은 채널의 전체 발전을 저해하지 않는 선에서 브랜디드 콘텐츠를 진행해야 한다는 것이다. 채널의 전체 방향성에 맞는 아이템, 그리고 실제 구독자들이 원하는 아이템을 선별하는 것이 중요하다.

유튜브 영상 기획은 진심이다

유튜브 영상을 기획하는 것은 조금 뻔한 표현일 수 있지만 '진심'이라고 생각합니다. 영상을 기획할 때 제 진심을 전하기 위해 노력합니다. 이 진심은 제가 만드는 어떤 영상이든 반드시 누군가에게는 '도움'이 되길 바란다는 순수한 마음에서 나옵니다. 이런 얘기를 하면 주변에선 "너는 비즈니스하긴 글렀다"라며 조언을 주기도 하지만, 제 작은 진심을 알아봐 주는 구독자를 만날 때 비로소 이 일을 하는 보람과 희열을 느낍니다. 제가 누군가에게 필요하고 소중한 존재가 된 것 같다는 생각에 감사해질 때도 많고요. 그래서 제 진심을 전하고, 그 진심에 기반한 구독자와의 유대 관계를 누구보다 중요하게 생각하는 크리에이터라고 자부합니다. 이처럼 스스로도 행복하게 채널을 운영하면 언젠가 사람들도 믿고 볼 수 있는 채널로 기억해 줄 것이라 생각해요. 그리고 많은 사람이 신뢰하는 크리에이터이자 그런 사람이 되는 일이 곧 제 평생의 꿈이기도 하고요. 누군가의 우려처럼 어쩌면 이런 생각은 성과 중심의 세상에서는 한참 돌아가는 길일 수 있지만, 콘텐츠 생산자와 소비자가 서로 진심이라는 접점에서 만나면 그때 비로소 '윈윈'이 된다고 생각합니다. 그렇게 되기까지 시간은 다소 오래 걸릴지라도요. 저는 평소 크리에이터를 하는 것을 하나의 '수행'이라고 생각합니다. 여전히 제가 표현하고 싶은 진심을 기반으로 하나씩 수행하고 배워나가고 있습니다.

크리에이터는 콘텐츠를 통해 정체성을 표현하는 직업이다

제가 좋아하는 채널 중에 〈원의 독백〉이라는 채널이 있습니다. 제가 원하는 지향점이 담겨 있어서 '와 어떻게 이런 영상을 만들 수 있을까!' 하면서 충격을 받은 채널입니다. 우선 영상미가 좋고, 스토리텔링과 배경음악 등 제작 측면에서도 수준이 높습니다. 하지만 그 무엇보다 '영상을 통해 자신의 이야기를 전달하고 있는 점' 때문에 이 채널이 멋지다고 생각해요. 자신의 이야기를 전달하기 위해선 본인의 철학이 뚜렷해야 합니다. 선명하고 확신에 찬 자아와 철학, 그리고 그것들에 대한 스토리텔링. 이 모든 것이 뛰어난 영상미와 음악과 함께 전달되는 콘텐츠이더라고요. 저도 언젠간 그런 콘텐츠를 해보고 싶다는 바람이 있습니다. 자동차나 다른 제품이 수단이 되지 않고, 오롯이 제 이야기 자체가 가장 섹시한 아이템이 되는 콘텐츠요.

현재 자동차 채널을 운영하지만, 이 채널 속에서도 제 철학과 신념, 사람과 제품을 대하는 태도들을 숨길 수는 없다고 생각합니다. 시나브로 조금씩 드러나기도 하고 제가 노력하지 않아도 구독자들이 먼저 알아봐 주기도 하고요. 앞으로도 자동차 콘텐츠를 만들면서 제 철학을 좀 더 보여주면서 콘텐츠를 이끌어가는 스토리텔러가 되고 싶습니다. 아울러 크리에이터로 살아가는 직업인이자 한 인간으로서 제 자신을 끊임없이 탐구하며 살아갈 생각입니다. 그때까지 장기적으로는 자동차 외 좀 더 다양한 소재를 통해서도 제 정체성을 표현할 수 있지 않을까요? 그때까지 묵묵히 성장하는 크리에이터가 되기 위해 오늘도 저는 노력합니다.

CHAPTER 3

유튜브 크리에이터로 살아가기

촬영과 편집으로 사랑받는
영상 제작하기

영상의 특성에 맞는 촬영 준비로
성공적인 영상 제작하기

영상 기획이 준비되었다면 이를 실제 촬영으로 구현하게 됩니다. 아무래도 채널별 주제, 소재, 포맷, 출연자 특성에 따라 구체적인 촬영 방식은 달라집니다. 〈1등 미디어〉 채널은 주로 출연자 두 명이 이끌어가는 콩트 형식의 영상이 많습니다. 이 때문에 두 명이 대화할 때 어떤 장면에서 동시에 나올지, 각자의 디테일한 표정 변화가 드러나는 장면은 어디에 넣을지 등 고민이 필요합니다. 그래서 대본에 원샷인지, 전체 샷인지를 구체적으로 사전에 정하고 가는 경우가 많습니다. 여기서 원샷

콩트 형식에 맞춰 2명의 출연자를 '전체 샷'으로 촬영한 장면

촬영 시 물 흐르듯 촬영하는 것이 중요합니다. '물 흐르듯'의 의미는 크리에이터의 다양한 표정 변화를 담아내는 것을 의미합니다. 이를 위해 표정과 상황에 따라 다양한 앵글을 잡아서 촬영합니다. 또한 반복적으로 여러 번 연기해서라도 다양한 표정 변화를 담아내기 위해 노력하기도 합니다. 또한 콩트라는 동적인 콘텐츠이기 때문에 되도록 고정 카메라보다는 이동식 카메라로 생동감 있는 화면을 담으려고 합니다.

반면 채널 〈리리차〉는 실제 부자들의 삶을 주제로 영상을 찍을 때는 콩트 촬영과는 다른 방식으로 진행합니다. 먼저 사전 조사를 기반으로 부자들의 삶을 어떻게 보여줄지를 고민합니다. 출연자가 어떻게 부자가 되었는지, 럭셔리한 소장품(집, 요트, 차 등)은 어떤 것들이 있는지 등입니다. 예를 들어 요트를 소유한 출연자의 경우에는 요트의 럭셔리함을 강조하기 위해 촬영을 준비합니다. 촬영 장소가 드론 촬영이 가능한지, 만약 장소가 협소한 경우 화각이 높은 카메라를 준비해야 하는지를 결정하는 것이죠. 요트 위에서의 인터뷰가 필요하다면 카메라 삼각대를 미리 세팅해 인터뷰 구도를 결정합니다. 구체적인 대본이 존재하는 콩트와 가장 다른 점은 진짜 리액션을 유발하는 촬영을 한다는 것입니다. 크리에이터가 미리 요트를 보고 촬영하면 생생한 반응이 나오지 않기 때문에 미리 정보를 알려주거나 보여주지 않습니다.

영상 기획을 잘했다고 해서 고품질의 영상을 보장하지는 않는다. 기획에 맞는 촬영을 준비하고 실행하는 것이 중요하다. 여기서 가장 중요한 포인트는 포맷, 소재, 크리에이터 특성에 따라 촬영 방식이 전혀 달라진다는 점이다. 앞서 언급한 사례처럼 〈1등 미디어〉같은 구체적인 대본이 등장하는 콩트 형식의 영상은 대본을 어떻게 재미있게 살릴지가 가장 중요한 촬영 포인트이다. 또한 '이과 vs 문과'라는 대결 구도를 잘 살리기 위해 원샷, 전체 샷 촬영을 어떤 장면에서 할지, 출연자의 세세한 표정 변화를 어떻게 잘 담을지를 고민하는 것이 가장 중요하다.

반면 실제 부자의 삶을 촬영하는 〈리리차〉 채널은 콩트 수준의 대본이 없고, 실제 크리에이터의 생생한 리액션을 담는 것이 중요하기 때문에 전혀 다른 준비가 필요한 것이다. 또한 럭셔리한 아이템이 영상의 주인공이 되기 때문에 해당 아이템을 어떻게 하면 돋보이게 찍을지를 주로 고민한다. 채널 내 다양한 포맷의 영상이 존재하고, 또는 두 개 이상의 채널을 운영할 수도 있을 것이다. 이 경우 모든 영상을 같은 촬영 방식으로 진행하면 애써 준비한 개성 있는 기획을 살리지 못하는 결과를 맞이한다. 좋은 영상 기획뿐만 아니라 촬영, 더 나아가서는 편집과 같이 전 과정이 중요한 이유이다.

유튜브를 처음 시작하는 사람은 이 3가지만 기억하세요

유튜브를 처음 시작하는 경우 촬영과 편집에 많은 고민이 들 것입니다. 제가 당부하고 싶은 것은 크게 세 가지입니다. 첫째, 조회 수가 잘 나오지 않는 영상의 특성을 분석하는 것이 중요합니다. 요식업을 시작하는 대부분의 사람은 보통 맛집을 갑니다. 맛집에서 맛있는 음식을 먹으면 왠지 모르게 나도 할 수 있을 것만 같습니다. 하지만 안 되는 집에 가서 왜 안 되는지 요인을 찾는 것이 더 중요합니다. 유튜브를 처음 시작할 때는 〈와썹맨〉을 봐도 '나도 할 수 있을 것 같다'는 생각이 들 수 있습니다. 물론 잘되는 영상의 특징을 반영하는 것도 중요합니다. 하지만 조회 수가 잘 나오지 않는 영상의 특징을 분석하는 것도 필요합니다. 잘되지 않는 영상들을 파악하고 이를 촬영, 편집에 반영해야 합니다. 저는 영상 촬영, 편집을 처음 도전하던 시기 부적절한 자막 형태, 잘못된 카메라 구도로 오히려 재미가 반감되는 경우를 집중적으로 연구했습니다. 이러한 우를 범하지 않으려고 하면서 상대적으로 빠르게 나만의 노하우를 터득했습니다.

둘째, 영상 기획에 맞는 촬영과 편집을 해야 합니다. 예를 들어 영상미가 높은 일상 브이로그이지만 너무 많은 예능형 자막과의 부조화로 사랑을 받지 못하는 경우가 있습니다. 이런 경우 영상미를 살리는 방향으로 자막의 톤과 양을 어떻게 조절할지를 고민하고 영상에 적용하는 식입니다. 제가 좋아하는 〈해그린달〉이라는 일상 브이로그 채널은 높은 영상미를 자랑합니다. 영상의 톤에 맞게 자막은 최소화하고 적합한 배경음악을 적절히 사용하는 특성이 있습니다. 채널 특성에 맞는 촬영, 편집 방식이 중요한 이유입니다.

셋째, 특히 처음 시작하는 경우라면 촬영과 편집에 너무 힘을 주기보다는 지속적으로 영상을 완성할 수 있도록 하는 것이 중요합니다. 주변에 처음 유튜브에 뛰어드는 사람들이 처음부터 카메라, 드론 등 여러 장비를 모두 구매해서 촬영에 적용하는 경우가 있습니다. 그러다 보면 영상 한 편을 완성하는 데 너무 많은 에너지와 시간을 소비하게 되고, 이후 영상을 정기적으로 업로드하지 못하기도 합니다. 그것보다는 자신이 최소 일주일 한두 회에 기획, 촬영, 편집, 업로드를 반복적으로 완료할 수 있는 범위에서 영상을 제작하는 것이 중요합니다. 아무리 이론적으로 촬영, 편집을 배워도 실제 영상 제작에서 효율성을 바로 찾기란 쉽지 않습니다. 스스로 전 과정을 경험하다 보면 점점 자신만의 노하우가 생겨 효율성 높은 제작이 가능해질 것입니다. 몸으로 부딪쳐서 내 것으로 만들어야 하는 것이죠. 처음부터 너무 힘을 주다가 제풀에 쓰러지는 우를 범하지 않아야 합니다.

자막 편집: 영상의 주요 타겟, 포맷,
크리에이터 텐션이 자막 형태를 좌우한다

〈1등 미디어〉 채널은 철저히 준비된 대본이 있고, 주요 타깃이 10대라
는 특성을 고려해서 자막을 편집합니다. 아무래도 어디서 웃겨야 하는
지 명확한 포인트가 대본에 있기에, 그 부분에 10대가 좋아할 만한 웃
긴 이모티콘, 밈을 활용합니다. 대사의 100퍼센트를 글로 표현할 정도
로 많은 양의 자막을 활용하고, 애니메이션 효과도 지속적으로 적용하
면서 10대의 이목을 끌기 위해 노력합니다.

반면 〈리리차〉는 자막을 최대한 간단하게 제작하는 경향이 있습니다.
럭셔리한 아이템들이 등장하는 화면에 집중하도록 만들어야 하기 때
문입니다. 이 때문에 말이 잘 들리지 않는 장면을 보조하거나 인터뷰
시 이해를 돕는 경우에 최소한으로 자막을 씁니다. 처음에는 저도 〈워
크맨〉처럼 자막을 화려하게 넣어보려고 했으나 오히려 콘텐츠의 핵심
아이템이 드러나지 않고, 영상이 산만해져 포기할 수밖에 없었습니다.
〈워크맨〉이 특유의 자막으로 많은 사랑을 받고 있다고 하지만, 모든 영
상이 그러한 특성을 따라 할 필요는 없습니다.

유튜브 편집에서 자막은 아주 중요한 요소 중 하나이다. 때로는 촬영된 영상의 재미도가 떨어지지만, 자막으로 심폐 소생을 하는 경우가 있을 정도이다. 유튜브를 처음 한다면 자막의 톤과 양, 애니메이션 효과 등 많은 부분에서 고민이 있을 것이다. 자막 편집에서도 영상의 주 타깃과 포맷의 특성을 적극적으로 반영해야 한다. 〈1등 미디어〉처럼 10대를 타깃으로 한 경우 자막의 양이 많아도 무방하다. 워낙에 예능 프로그램, 유튜브 웹 예능으로 많은 자막에 익숙한 세대이기 때문이다. 또한 화려한 애니메이션을 지속적으로 사용하면서 이목을 최대한 끄는 것도 가능하다. 이는 〈1등 미디어〉 영상들이 예능형, 10대 타깃이라는 특성을 갖고 있기에 가능한 시도이다. 반대로 브이로그처럼 화면에 집중해야 하는 경우는 제한적인 자막이 오히려 더 큰 힘을 발휘할 때도 있다.

자막 편집에서 고려해야 할 또 하나의 요소는 '출연자의 텐션'이다. 출연자의 텐션이 좋은 〈와썹맨〉, 〈달라스튜디오-네고왕〉의 웹 예능형 콘텐츠는 자막을 많이 넣어도 무방하다. 반면 〈입짧은햇님〉처럼 크리에이터의 텐션은 높지 않지만, 말을 조리 있고 집중력 있게 하는 경우는 굳이 자막을 많이 넣을 필요가 없다. 유튜브 크리에이터로서 자신의 특성을 잘 파악해 자막의 형태를 결정해야 하는 이유이다.

영상 러닝타임: 내 채널에 적합한 러닝타임을 찾는 방법

"적합한 영상의 러닝타임은 어떻게 되나요?"라는 질문을 받는다면, 저는 "영상의 러닝타임은 채널과 콘텐츠의 특성에 따라 달라지는 요소이기 때문에 딱 잘라 말할 수는 없습니다"라는 답변을 할 것입니다. 영상의 러닝타임은 포맷, 구독자의 선호도 등 다양한 요소에 따라 결정해야 합니다. 〈1등 미디어〉는 주로 10분이 넘는 영상을 제작하고 있습니다. 우선 기승전결이 명확한 콩트 형식이기 때문에, 너무 짧은 러닝타임은 포맷 특성에 적합하지 않습니다. 또한 구독자의 충성도가 높은 채널이기 때문에, 시청 지속 시간이 상대적으로 높습니다. 이 때문에 긴 러닝타임으로 영상 제작이 가능합니다. 이러한 결론은 장기간 영상의 시청자 반응(시청 지속 시간 등)을 분석해 내린 결론이기도 합니다. 10분이 넘는 영상은 또 하나의 장점이 있습니다. 8분이 넘으면 중간 광고를 추가로 설정할 수 있기 때문에 광고 수익에 유리한 구조를 만들 수 있습니다.
〈리리차〉 채널은 영상 포맷, 구독자의 특성이 〈1등 미디어〉와 전혀 다르기 때문에 러닝타임에서도 다른 특징을 보입니다. 해당 채널은 영상별 아이템에 따라 러닝타임의 차이가 상대적으로 큽니다. 예를 들어 관심을 불러일으키기 어려운 내용들이 많은 편은 편집으로 전체 러닝타임이 짧아지기도 합니다.

많은 조회 수를 끌어낼 수 있는, 적합한 러닝타임에 대해 궁금해하는 크리에이터들이 많을 것이다. 정답은 없지만 영상 포맷과 채널 구독자 및 주 시청자의 특성에 따라 결정하는 것이 가장 중요하다. 〈14F〉의 '이슈 픽!'처럼 주제별 내용을 간략하게 정리하는 영상은 약 3분 안팎의 러닝타임이 적합할 것이다. 반대로 여행 브이로그, 겟레디윗미처럼 호흡이 긴 콘텐츠는 10분 안팎의 러닝타임도 충분히 구독자의 선택을 받을 수 있다. 그렇기에 영상의 적합한 러닝타임을 정하기 전에, 어떤 포맷으로 영상을 기획할 것인지가 먼저이다. 예를 들어 나의 일상을 소재로 영상을 만들 때 브이로그, 쇼츠, 겟레디윗미 등 다양한 영상 중 어떤 포맷이 가장 적합한지를 고민하는 것이다. 이렇게 영상 포맷을 결정한 후 채널 구독자와 주 시청자의 데이터, 영상 소재라는 요소를 반영해 최종 러닝타임을 결정하는 것이다.

영상 러닝타임에 절대적으로 옳은 시간은 존재하지 않는다. 다만 영상 포맷, 소재, 주제, 구독자의 특성에 따라 적합한 러닝타임은 분명히 있다. 이러한 요소를 고려해 채널에 가장 적합한 러닝타임을 찾는 것이 무엇보다 중요하다.

유튜브 영상 편집 TIP: 무료, 유료 템플릿, 음원 그리고 녹색천(?)을 활용하라?

영상 편집을 할 때 자신만의 방식을 찾아가는 것이 중요합니다. 이를 위해 많은 시행착오를 겪을 수밖에 없는데요. 제가 생각하는 영상 편집의 중요한 요소는 '상상력'이라고 생각합니다. 영상 편집은 상상한 것을 실제로 구현하는 과정이라고 생각하는데요. 이때 기능을 많이 알면 알수록 상상한 것을 더욱 실제로 구현할 가능성이 높아집니다. 또한 상상력의 폭 자체도 커집니다. 저는 촬영할 때부터 미리 편집에 대해 상상합니다. 그리고 편집할 때 이를 구현하고요. 그래서 촬영할 때부터 편집을 고려해서 일에 임하고 있습니다.

모든 유튜브 영상이 고퀄리티일 필요는 없습니다. 포맷과 소재, 주제에 맞게 재미와 의미를 편집을 통해 잘 표현할 수 있으면 된다고 생각합니다. 이런 측면에서 유료 탬플릿을 구매해서 사용하는 것은 시간을 단축하고, 상대적으로 고퀄리티 자막을 활용할 수 있어 편리합니다. 채널 운영 초반에는 최대한 무료 탬플릿을 활용하고, 채널이 인기 궤도에 오르면 유료도 함께 사용하는 것을 추천드립니다. 처음부터 유료 탬플릿을 활용하면, 상상력을 키우는 데 제약이 있고 실력 향상에도 한계가 있을 수 있습니다. 이 때문에 처음에는 무료 탬플릿을 사용해 다양한 시도를 해보고, 추후 유료를 추천하는 것입니다.

하지만 단순 탬플릿 활용을 넘어, 편집에 새로운 시도를 해보고 싶은 사람도 있을 것입니다. 이때 어떻게 하면 내가 원하는 효과를 가장 효율적으로 제작할지 고민해야 합니다. 보통 크리에이터들은 최소 한두 편의 영상을 매주 만들어서 업로드하기 때문에, 한 장면을 위해 긴 시간 편집에 공을 들이는 것은 비효율적이기 때문입니다. 물론 처음부터 효율적인 편집은 쉽지 않을 것입니다. 제 경우도 10초를 위해 몇 시간 편집에 몰두한 적이 있었습니다. 영화 〈닥터 스트레인지〉를 패러디해서 차원을 통과하는 장면을 실현해 보고 싶었습니다. 사실 그린 스크린을 활용했으면 효과적인 촬영, 편집이 가능했겠지만 당시 저는 300장을 하나하나 잘라서 붙이는 방식으로 6시간 편집을 진행했습니다. 여기서 중요한 점은 이러한 노력이 조회 수를 보장하지 않는다는 것입니다. 그렇기에 최대한 짧은 시간 안에 실행할 수 있는 범위 내에서 새로운 상상력을 시도하는 편집에 도전해야 합니다.

상상력을 편집으로 구현하기 위한 또 하나의 팁은 '크로마키(화면을 합성하는 기술로, 최근 유튜브에서도 많이 사용되는 기법)'입니다. 저는 크로마키를 공부하면서 다양한 효과를 자유롭게 구사하게 되었습니다. 집 안에서 촬영해도 녹색 천으로 내가 상상하는 것을 영상으로 만들 수 있습니다. 특히나 다양한 장소를 연출해야 하는 경우, 집에서도 이를 구현할 수 있기 때문에 좋습니다. 크로마키를 활용하면 영상을 기획하는 단계부터 더욱 다양한 상상력을 반영할 수 있습니다. 문구점에서 녹색 천은 2만 원이면 살 수 있으니 꼭 시도해 보기 바랍니다.

음악도 우선 유튜브 크리에이티브 스튜디오에 있는 오디오 라이브러리 및 무료 음원 사이트를 우선 사용하는 것이 좋습니다. 탬플릿처럼 어느 정도 궤도에 오른 후 유료 음원을 결제하면, 더욱 고퀄리티 편집이 가능합니다. 효과음은 무료로도 충분하다고 생각하는 편입니다.

자기계발 채널 〈성장읽기〉,
〈너와 나의 은퇴학교〉
이권복

효과적으로 채널 운영하고
수익 창출하는 법

섬네일 제작 전략: 요약보다는 호기심을 유발하라

처음 유튜브 채널을 하는 크리에이터들이 가장 많이 하는 실수는 '영상만 열심히 만드는 것'이다. 물론 유튜브에서 '영상'만큼 중요한 것은 없다. 여기서 중요한 포인트는 영상만 열심히 만드는 것은 이목을 끄는 데 한계가 있다는 점이다. 영상을 아무리 잘 만들어도 섬네일에 '후킹 요소'가 없다면 시청자의 외면을 받을 확률이 높다. 더욱이 채널이 늘어나면서 경쟁이 치열해진 지금 시점에서, 내 영상의 차별점을 보여줄 수 있는 것은 섬네일이다.

유튜브 영상을 클릭하기 전에 우리가 알 수 있는 정보는 제목, 섬네일, 채널명 정도이다. 특히 시각적으로 관심을 끄는 섬네일은 영상 클릭에 지대한 영향을 미치는 것이 사실이다. 일부 크리에이터는 '유튜브 조회 수의 8할은 섬네일에서 나온다'고 단언할 정도로 섬네일의 중요성을 강조하고 있다. 크리에이터마다 그 비율에 대한 의견은 다를지라도 '조회 수에 섬네일의 영향력이 크다'는 주장에 반대 의견을 가질 크리에이터는 없을 것이다. 유튜브 채널 〈성장읽기〉를 운영하는 이권복도 채널을 처음 운영하던 시기에 섬네일의 중요성을 간과했었다.

처음 섬네일을 제작할 때는 영상을 다 만들고 나서 그때부터 섬네일에 대해 고민했습니다. 수많은 초보 크리에이터가 저지르는 실수 중 하나입니다. 영상을 다 만들고 나서, 영상의 핵심 내용을 뽑아서 섬네일 문구로 정리했었는데요. 이 경우 어떤 현상이 생기느냐면 시청자 입장에서는 호기심이 생기지 않아 클릭하지 않는 결과를 초래합니다. 섬네일에 핵심 내용을 단순히 요약하는 데 그치니 후킹 요소도 없고 궁금하지도 않은 거죠. 섬네일의 핵심은 '궁금증을 유발하는 것'이라고 생각합니다.

처음 유튜브 영상을 기획하는 시점부터 섬네일을 함께 고민하지 않는 크리에이터가 많다. 우선 영상을 찍고 섬네일은 나중에 고민하는 식이다. 이 경우 단순히 영상 내용을 정리하는 문구를 적용할 가능성이 크고, 또한 섬네일 이미지를 영상 중 한 장면을 캡처해 쓸 확률이 높다.

지금 저는 섬네일을 대략 먼저 구성한 후 그에 맞춰 영상을 제작하고 있습니다. "클릭을 유도하는 섬네일이 무엇일까?"라는 질문에 그동안 고민을 많이 했습니다. 결론은 '섬네일의 다음 장면이 무엇일까?'라는 궁금증을 유발하는 섬네일이 클릭을 유도한다는 것입니다. 오늘 인터뷰를 섬네일로 만든다고 가정해 봅시다. "직장인 작가를 만났다"는 단순한 제목보다는 카페에서 노트북을 사이에 두고 대화를 나누는 장면에 "작가님 노트북에 주스를 쏟았습니다"라는 문구를 반영하는 것이 훨씬 호기심을 유발합니다. 말 그대로 '이다음 장면은 무슨 일이 일어날까?' 하는 궁금증 말입니다. 물론 영상 내용과 아예 관련이 없는 '어그로'는 금물입니다. 인터뷰 장면을 유추하도록 이미지에 충분히 반영하고, 문구에서 호기심을 유발하는 것입니다. 이 때문에 영상의 한 장면을 캡처하는 것이 아니라, 촬영 현장에서 섬네일에 필요한 이미지를 따로 촬영하기도 합니다. 섬네일을 미리 생각하지 않는다면, 현장에서 적합한 이미지를 촬영하지 못할 가능성이 높습니다.

또 다른 팁 중 하나는 영상의 타깃을 확장할 수 있는 대중적인 문구를 정리하는 것이다. 그의 동생은 IT 크리에이터이다. 동생이 제작한 섬네일 중 가장 잘 만들었다고 생각하는 섬네일은 컴퓨터 쿨

영상의 메인 타깃과 일반인들에게도 후킹할 수 있는 문구

러와 관련된 리뷰 섬네일이었다.

IT 채널의 메인 타깃은 물론 IT에 관심이 많은 사람일 것입니다. 그러나 이들만을 타깃으로 너무 어렵게 제목을 잡으면, 일반 시청자의 유입에는 한계가 있을 것입니다. 예를 들어 컴퓨터 쿨러를 소재로 리뷰 영상을 만든다고 해봅시다. 이 경우 "2만 원대 가성비 컴퓨터 쿨러 리뷰 영상"이라고 제목을 짓는다면 후킹 요소가 없을 뿐만 아니라, 컴퓨터에 관심을 갖지 않은 사람들의 유입을 기대할 수 없을 확률이 높습니다. "쿨러를 사용하면 정말 컴퓨터가 차가워질까?"라는 제목을 적용한다면, 실험 콘텐츠임을 알리는 동시에 일반 시청자의 궁금증도 함께 이끌어낼 것입니다. 여기에 북극 사진처럼 임팩트 있는 이미지를 차용한다면 그 효과는 배가될 것입니다.

이처럼 영상의 메인 타깃과 함께 일반 시청자에게도 후킹할 대중적이고, 호기심을 유발하는 섬네일 문구는 조회 수에 큰 도움이 된다. 메인 타깃 중 관심도가 높은 사람만이 관심을 가질 만한 섬네일 문구는 클릭률이 떨어질 가능성이 크기 때문이다.

제목: 키워드의 우선순위를 담아라

섬네일은 궁금증을 유발하는 것에 집중한다면, 제목은 섬네일보다 영상의 핵심 내용을 좀 더 넣으려고 노력합니다. 앞서 말한 컴퓨터 쿨러의 섬네일은 후킹할 문구에 집중했다면, 제목은 제품명, 쿨러를 썼을 때 효과, '제품 리뷰'라는 단어 등을 반영하는 식입니다.

영상 조회 수를 위한 섬네일 못지않게 중요한 요소가 '제목'이다. 섬네일에 궁금증을 유발하는 단어를 담았는데, 제목도 같은 형식으로 반영하면 '낚시'에 그치게 된다. 이 경우 낚시성 문구로 영상을 클릭한다고 해도, 영상을 지속적으로 시청할 확률이 낮아진다. 영상의 반응을 관리하는 측면에서 조회 수 외에 '시청 지속 시간' 또한 아주 중요한 요소이다. 제목과 섬네일을 보고 우연히 들어와서 순간적인 조회 수가 높을 수 있지만, 시청 지속 시간이 짧아진다면 이 또한 무의미한 것이다.

제목은 키워드를 잘 잡아주는 것이 중요합니다. '은퇴 이후의 삶'을 주제로 한 유튜브 영상을 예로 들어 설명해 드리겠습니다. 예를 들어 은퇴자들이 가장 호기심을 가지는 키워드가 '노후 생활비'이기 때문에 이를 제목에 담아 주목도를 높이려고 합니다. 이 키워드를 연구하기 위해 네이버 데이터랩, 구글 키워드를 지속적으로 찾아봅니다. 소재별로 연관된 주요 키워드를 파악하기 위함입니다.

또한 주요 키워드의 경우 우선순위를 정해서 반영하는 것도 중요하다. 유튜브 영상은 주로 모바일로 시청하기 때문에 제목이 긴 경우 뒤의 내용은 잘 안 보이는 경우가 많다. 욕심을 부리고 제목을 길게 잡더라도 모바일에서는 뒷부분이 '…'으로 노출될 확률이 높다. 이 때문에 주요 키워드의 우선순위를 정해서 반영해야 한다.

〈너와 나의 은퇴학교〉 채널에서 은퇴한 사람들이 제2의 인생을 살아가는 모습을 영상으로 제작합니다. 한 대기업 임원 출신의 은퇴 후 직장을 다루는 영상에서 섬네일에 "대기업 임원 은퇴 후 이렇게 삽니다"라는 문구와 택배사 로고를 크게 넣었습니다. 시청자들의 호기심을 자극한 것입니다. 그러나 제목에서는 실제 영상 내용을 좀 더 반영해야 하고, 주요 키워드를 우선순위로 해야 합니다. "50대 대기업 임원 출신, 은퇴 후 택배 알바 하는 이유"라는 제목을 통해 '대기업 임원 출신'이 '은퇴' 후 '택배 알바'를 하는 내용을 명확히 드러냈습니다. 물론 주요 세

주요 키워드인 '50대 대기업 임원', '은퇴', '택배 알바'를 우선순위에 따라 제목에 적용한 영상

가지 키워드는 제가 생각하는 우선순위를 반영했습니다.

시청자에게 영상을 노출하기 위해 섬네일, 제목과 함께 중요한 것이 '태그'이다. 유튜브 이용자가 검색어를 통해 영상을 찾아보는데, 이때 사용되는 것이 태그이다. 영상의 태그 기반으로 '검색어'로 노출이 되는 것이다. 특히 앞 세 개의 태그까지는 제목 위에 함께 노출되기 때문에 태그를 정할 때도 우선순위를 정하는 것이 필요하다. 물론 이 우선순위는 '관련성'과 '트렌드에 적합한 단어'이다. 트렌드에 적합한 단어를 사용하면, 사람들이 많이 검색하는 단어로 노출도가 높아질 수 있다. 그러나 인기 많은 단어는 그만큼 많은 영상에 적용된 태그라는 의미이고, 치열한 경쟁으로 오히려 영상이 묻힐 가능성도 있다. 이 때문에 영상의 관련성이 높은 단어와 함께 적절히 태그를 배치하는 것이 효과적이다.

또한 영상 노출에 대한 욕심으로 너무 많은 키워드를 태그로 적용하는 경우가 있다. 그러나 너무 다양한 태그를 반영하기보다는 영상 소재와 연관된 소재에만 국한해 적용하는 것이 중요하다. 태그를 많이 적용하다 보면 태그 카테고리 범위가 넓어질 수 있다. 예를 들어 커피에 대한 영상인데 콘서트, 친구 등 관련도가 떨어지는 태그를 함께 넣으면 검색상 불리해질 가능성이 크다. 커피에 대한 영상이라면 '바리스타', '카페', '아메리카노'처럼 연관성이 높은 태그에 집중해야 한다. 때로는 과한 것보다는 적절한 것이 더욱 극적인 효과를 가져오는 경우가 있다.

카드 설정: 방대한 마블 세계관의 이해도를 높이고 싶다면?

유튜브 영상을 보다 보면, 오른쪽 상단 등에 문구가 적힌 카드를 보는 경우가 있다. 예를 들어 소설가 김영하의 소설《살인자의 기억법》을 리뷰하다가,《오빠가 돌아왔다》는 소설을 자연스럽게 언급하는 경우라고 가정해 보자. 이 경우 해당 채널의《오빠가 돌아왔다》리뷰 영상을 카드로 삽입해 시청자의 이해도를 올리고 리뷰 영상의 조회 수도 추가로 높일 수 있다. 이처럼 카드 설정 기능을 적절하게 사용한다면 큰 도움이 된다.

이를 가장 잘 사용하는 채널이 바로 '마블 영화'를 리뷰하는 채널들이다. 마블의 세계관은 방대하다. 그리고 모든 영화들이 다 연결되어 있기에 이 '카드 설정' 기능의 사용이 효과적이다. 영화 〈어벤져스〉를 리뷰하면서, 캡틴 아메리카가 어떻게 히어로가 되었는지를 보여주는 영상의 카드를 삽입하면 시청자들은 영화의 세계관과 등장인물들의 관계성을 더욱 잘 이해할 뿐만 아니라 카드를 통해 해당 채널의 영상을 다양하게 접한다. 그러면서 자연스럽게 채널의 총 조회 수 향상에 큰 도움이 된다. 또한 채널 내 영상들을 여러 차례 접하면서 시청자가 구독자가 될 확률을 높이는 효과가 있다.

이처럼 카드 설정 기능을 적절하게 사용하면 영상에 대한 이해도와 조회 수와 구독자 수에 큰 도움이 되기도 한다. 하지만 활용 방법에 따라 해당 기능은 단점이 될 수도 있다. 앞서 말한 〈어벤져스〉 리뷰 영상의 기준으로만 한정한다면 시청 지속 시간에 악영향을 미칠 수도 있다. 다른 영상으로 넘어가 버리고, 다시 원래 영상으로 돌아오지 않을 확률도 존재한다.

카드 설정 기능은 채널과 영상의 특성에 따라 장단점이 있다고 생각합니다. 또한 채널 전체의 조회 수, 구독자 수에 긍정적인 영향을 미치는 만큼 원래 영상의 시청 지속 시간을 낮추는 결과를 초래하기도 합니다. 제 채널은 영상 간의 관계성이 부족해 카드가 유기적으로 연결되지 않는 경우들이 있습니다. 이럴 때 굳이 무리해서 카드 사용 횟수를 늘리기보다는 적절하게 활용하는 것이 중요합니다. 정리하면 채널 영상 간의 연관성이 높다면 활용을 단계적으로 늘려가는 것을 추천합니다.

최종화면 설정: 자연스럽게 시청이 이어질 가능성이 큰 영상을 설정하라

유튜브 영상을 끝까지 보면 마지막에 '최종화면'이 뜬다. 적게는 한 편에서 많게는 열 편의 영상을 추천해 준다. 최종화면 기능을 통해 채널 내 다른 영상의 시청을 유도하고, 시청자를 채널에서 더 오래 머무르게 하기 위한 것이다. 그렇다면 채널을 운영하는 입장에서 이 최종화면 기능을 어떻게 활용하는 것이 효과적일까?

최종화면 기능을 활용해 시청자가 채널에 더 오래 머무르게 하려면 같은 카테고리의 영상을 넣는 것이 중요합니다. 제가 운영하는 '은퇴' 소재의 채널을 예로, '농촌 카테고리' 영상이라면 같은 카테고리의 영상을 추천하려고 합니다. 농촌 카테고리 영상에 전혀 다른 소재의 영상을 추천하기보다는 자연스럽게 시청이 이어질 수 있는 영상을 추천하는 것이 효과적입니다. 시리즈 영상의 경우 1편 후에 2, 3편 영상을 추천하는 것이 좋습니다. 클릭률이 높아지면 자연스럽게 채널에 머무는 시간이 높아지고 구독으로 이어지기도 합니다. "최종화면을 몇 개를 설정하는 것이 좋으냐?"라는 질문을 하는 사람이 많은데, 분명하게 알려진 답은 없으나 너무 많은 영상을 추천하기보다는 연관성이 높은 네 개 이내의 영상을 임팩트 있게 보여주고 성공률을 높이는 것이 중요합니다.

이권복 크리에이터의 말처럼 최종화면을 몇 개로 설정해야 하는가에 대한 명확한 답은 없다. 다만 연관성이 높은 영상을 기반으로 채널별로 적합한 추천 영상의 개수를 찾아내야 한다. 유튜브 분석 기능과 최종화면 기능을 통해 어떤 영상으로 시청이 이어졌는지 수치를 확인할 수 있다. 이를 기반으로 지속적으로 채널에 적합한 최종화면에 몇 개의 영상을 추천할지를 찾는 것이 중요하다.

재생목록 설정: 가장 핫한 키워드 활용하기

유튜브 채널의 주요 메뉴는 1) 홈 2) 동영상 3) 재생목록 4) 커뮤니티 5) 채널 6) 정보이다. 이 중 '재생목록'의 경우 채널 내 다양한 영상을 카테고리별로 묶어서 보여주는 메뉴이다. 크리에이터 이권복이 운영하는 〈성장읽기〉는 '저자 인터뷰', '책 뽀개기 북튜버', '내

인생을 바꾼 책', '부동산', '경제적 자유'로 재생목록이 나뉘어 있다. 각 재생목록은 채널 운영자가 자유롭게 설정할 수 있는데, TV 채널에 비유하자면 재생목록은 TV 프로그램이라고도 볼 수 있다.

재생목록은 키워드로 묶어서 진행하는 경우가 많다. 재생목록명도 검색이 되기 때문에 더 많이 검색할 만한 키워드를 적용하는 것이 중요하다. 특히 유튜브를 처음 하는 경우 시청자들이 검색할 만한 키워드를 정리하고 이를 재생목록 명에 적용해야 한다. 〈성장읽기〉도 책 낭독, 경제, 부동산, 인터뷰 등 검색량이 많을 것으로 예상되는 키워드를 넣었다. 같은 의미를 가진 키워드라 할지라도, 더욱 트렌디한 단어를 사용하는 것이 좋다. 예를 들어 아침형 인간을 주제로 한 영상들을 제작한다고 해보자. 이때 단순히 '좋은 아침', '빨리일어나기' 처럼 평범한 단어를 사용하기보다는 '미라클 모닝'처럼 화제의 키워드를 적용하는 것이 더욱 많은 검색을 기대해 볼 수 있다.

채널명과 재생목록, 제목이 서로 시너지가 나는 경우가 있습니다. 제 채널명은 〈성장읽기〉입니다. 스스로 내적 성장을 이루는 것을 가장 중요한 주제로 운영하는 채널입니다. 채널 내 '성장문답'이라는 재생목록이 있는데, '성장'을 주제로 생활 습관, 책에서 얻은 진리 등을 소재로 하고 있습니다. 해당 재생목록 내에서 미라클 모닝을 주제로 콘텐츠를 제작한 적이 있습니다. '성장읽기(채널명)', '성장문답(재생목록명)', '미라클 모닝(영상 제목 및 태그)'이 서로 연계성이 높아 시너지가 났던 기억이 있습니다. 이처럼 재생목록의 키워드를 설정할 때 채널명, 제목을 잘 연계하는 것이 중요합니다.

이처럼 가장 화제의 키워드를 기준으로 재생목록을 카테고리화하는 것이 제일 중요하다. 여기에 더해 채널명, 재생목록명, 제목 등이 잘 연계된다면 더욱 높은 시너지 효과를 기대할 수 있을 것이다.

영상 업로드: 주 3회 업로드, 구독자와의 약속을 지키자

채널을 처음 개설했다면 영상의 업로드와 관련해 막막함을 느낄 것이다. 그리고 일주일에 몇 편을 언제 올려야 하는지와 같은 질문이 생길 수 있다. 보통 유튜브 알고리즘의 선택을 받기 위해서는 주 3회 정도 정기적으로 업로드하라고 권고한다.

주 3회 정기적으로 영상을 업로드하는 것이 중요합니다. 일주일에 영상을 세 편 이상 업로드한다는 것은 생각보다 쉽지 않은 작업입니다. 하지만 주 1회 정도만 업로드하면, 월 네 편밖에 되지 않습니다. 이 경우 유튜브 알고리즘의 선택을 받아 조회 수를 높게 기록하는 것에 한계가 있을 수밖에 없습니다. 또한 업로드 시 중요한 점은 주별 업로드의 횟수와 시간은 구독자와의 중요한 약속이기 때문에 시간을 정해놓고

꾸준히 지켜나가야 한다는 점입니다. 그렇게 되면 특정한 요일과 시간에 구독자들은 자연스레 영상을 기다리고 더 많은 조회 수를 기록할 가능성이 높아지는 것입니다.

유튜브를 본업으로 하지 않는 직장인인들은 주 3회 업로드를 지속하기 어려울 수 있다. 도저히 한 주에 세 편 제작이 힘들다면 차라리 아예 현실적으로 목표를 잡아 한 편 올리는 것이 낫다. 주 3회에 집착하다가 업로드 편 수가 들쑥날쑥하는 것은 채널 운영의 관점에 봤을 때 위험하다.

도저히 유튜브에 많은 시간을 내기 어렵다면, 10분 이상의 콘텐츠를 기획한 후 이를 두 편 이상으로 나눠서 업로드하는 것도 한 방법입니다. 물론 이것은 시간을 많이 쏟기 어려운 사람에 한해서입니다. 최근에는 10분 이상의 콘텐츠 소비도 늘고 있으며, 이 경우 광고를 두 개 이상 삽입할 수 있기 때문에 수익 측면에서도 유리합니다. 따라서 30분 정도 분량의 영상이라면 15분씩 두 편으로 나누어서 업로드해도 좋고, 나중에 30분 이상의 풀버전 영상을 또 하나 올리는 것도 방법이 될 수 있습니다.

유튜브 커뮤니티: 커뮤니티를 잘 활용하는 자가 구독자의 마음을 얻는다

채널 내 '커뮤니티' 메뉴를 적절하게 활용한다면 구독자와의 소통을 강화하고 앞으로 업로드할 영상을 홍보할 수 있다. 채널 내 커뮤니티는 글과 사진을 기반으로 구독자에게 공지할 수 있는 공간이다. 최근 크리에이터들은 커뮤니티 메뉴를 다양한 목적으로 활용하고 있다.

첫째, 구독자와의 소통 강화이다. 구독자와 영상을 통해서만 소통하는 것이 아니라, 커뮤니티를 통해 소통하는 것도 가능하다. 대표적인 사례는 '영상 소재 제보'이다. 실험 콘텐츠 채널이라면 다음에 다뤘으면 하는 실험 소재를 제보받을 수 있다. 이 과정에서 댓글에 답을 달아주면서 구독자와 소통을 강화하는 것이다. 둘째, 다음 영상에 대한 적극적인 홍보이다. 이 경우 촬영 현장을 티저 형태로 보여줄 수 있고, 다음에 업로드될 영상의 예고편을 이미지로 공지할 수도 있다. 셋째, 온오프라인 이벤트와의 연계이다. 채널 내 구독 이벤트, 영상 댓글 이벤트 등 온라인 이벤트를 진행하기도 한다. 또한 크리에이터가 오프라인에서 강연과 공연을 열 때 이를 공지하고 초대하기도 한다.

커뮤니티를 잘 활용한다면 구독자와의 관계를 돈독히 할 기회를 만들 수 있다고 생각합니다. 제 채널에는 은퇴자들을 인터뷰하는 코너가 있는데, 공고를 통해 실제 섭외에 도움을 받기도 합니다. 이렇게 하면서 해당 영상 코너를 자연스럽게 홍보하는 계기가 되기도 하고요. 또한 저는 오프라인에서 강연, 북 토크처럼 활동을 많이 하기 때문에 이를 안내하기도 합니다. "선착순 10명에게 무료 강의 기회를 드립니다!"라는 공지를 통해 활동을 알리기도 하고, 구독자들에게 다양한 기회를 제공하기도 합니다. 커뮤니티 기능은 유튜브 홈 화면 피드에 뜨기 때문에 놓치지 않고 적극적으로 활용해야 합니다.

이처럼 커뮤니티는 채널 특성, 크리에이터의 활동 범위에 따라

너와 나의 은퇴학교
1년 전

여러분의 퇴직 후 이야기를 기다립니다.
전국 어디에 계셔도 인터뷰 가능합니다

ZOOM으로 편안하게 집에서 이야기를 해주세요!

너와나의 은퇴학교에서 여러분의 퇴직후 이야기를 영상으로 만들어드립니다.

신청은 아래 링크를 눌러주세요

▶ 은퇴학교 인터뷰 참여하기
http://naver.me/GyjxD6ih

많은 참여 부탁드립니다!
어떤 이야기도 좋습니다. 잘사는 이야기든, 못사는 이야기든.

신청해주시면 은퇴전략기 김동석님이 직접 전화드리겠습니다!

- 너와 나의 은퇴학교 올림

**콘텐츠 제작을 위한 '인터뷰이 모집'처럼 다양한
활용이 가능한 유튜브 '커뮤니티'**

다양하게 활용될 수 있다. 그리고 적극적으로 구독자와 소통하는 크리에이터의라 구독자의 이탈률을 낮출 수 있을 것이다. 자신이 운영하는 채널과 비슷한 소재와 구독자 타깃을 지닌 채널들의 커뮤니티 활용법을 연구해 나의 채널에 맞게 적용하는 것은 좋은 기회가 될 것이다.

유튜브 스튜디오: 노출 클릭율과 평균 시청 지속 시간을 관리하라

유튜브 스튜디오는 구글에서 크리에이터에게 제공하는 분석 툴입니다. 크리에이터들은 이 스튜디오의 주요 수치들을 참고해 영상 기획과 업로드 전략을 짜게 됩니다. 저는 크게 두 가지 지표를 중요하게 생각합니다. 바로 '노출 클릭율'과 '평균 시청 지속 시간' 입니다. 영상을 업로드하고 30분이 지난 시점에 노출 클릭율을 확인합니다. 다른 영상 대비 순위도 제공되기 때문에 한눈에 파악하기 편리합니다. 기존보다 수치가 낮으면 섬네일, 제목을 바꿔서 다시 적용하기도 합니다.

평균 시청 지속 시간 수치를 기반으로 다음 영상 기획에 반영하기도 합니다. 제 채널에서는 보통 한 편의 책 리뷰 영상당 약 20분의 러닝타임으로 영상을 제작했었는데, 경쟁 채널이 많아지면서 평균 시청 지속 시간이 줄어드는 것을 발견했습니다. 해당 수치를 기반으로 구독자들과의 소통을 통해 러닝타임을 10분으로 줄였습니다. 단순히 러닝타임을 변경하는 것에 그치지 않고 영상 포맷을 아예 바꾼 경우도 있습니다. 제 얼굴을 직접 드러내는 형식으로 북리뷰를 진행했었는데, 애니메이션으로 진행하는 방식을 시도했습니다. 애니메이션으로 제작하다 보니 러닝타임도 자연스럽게 줄어들고, 더욱 몰입도를 높일 수 있었습니다. 그 결과 전체 영상 시간 대비 시청 지속 시간이 60퍼센트가 넘는 결과를 얻었습니다.

유튜브 스튜디오는 크리에이터에게 어두운 항해의 등대 같은 역할을 해준다. 내가 기획하고 제작한 영상이 구독자들에게 어떤 반응을 얻고 있는지 다각도로 분석해 주기 때문에, 영상을 올리고 빠르게 수정해 적용할 수도 있고(노출 클릭율), 다음 영상의 기획에 좋은 영향을 미치기도 한다(시청 지속 시간). 여기서 중요한 점은 이러한 데이터를 어떻게 받아들이고 채널 운영과 영상 기획에 반영하는가 하는 것이다. 이 때문에 앞서 언급한 두 개 수치를 기반으로 채널을 관리해 나가야 한다.

크리에이터는 어떻게 수익을 창출할까?

누구나 할 수 있는 유튜브가 매력적인 이유 중 하나는 '수익'을 거

둘 수 있다는 점이다. 하나의 직업을 가진 사람도 도전할 수 있기 때문에 추가 수익이 발생한다는 것은 충분히 유튜브에 도전할 수 있는 동기가 된다. 그럼 크리에이터들은 구체적으로 어떻게 수익을 창출하는지 알아보자.

첫 번째, 유튜브 애드센스 광고를 통한 수익이다. 유튜브 애드센스 광고는 영상이 시작되기 전과 중간에 등장하는 광고를 의미한다. 시청자들은 유튜브 영상을 보기 위해 자연스럽게 광고 영상을 보게 되는데, 이때 발생하는 수익 일부가 크리에이터에게 돌아간다. 수익 창출의 기준은 채널 내 영상의 조회 수와 구독자 수에 따라 달라진다. 당연히 구독자 수가 높은 채널의 광고 단가가 높아지기 때문에, 많은 구독자를 모은다는 것은 안정적인 수익 창출이 가능하다는 것을 의미한다. 크리에이터에게 광고를 통한 수익 창출은 가장 기본적인 것이다. 활동 범위에 따라 다양한 수익 창출의 기회가 가능해진다.

두 번째, 협찬을 통한 수익 창출이다. 크리에이터들은 보통 기업과 협업해 브랜디드 콘텐츠를 제작한다. 다양한 브랜드, 상품의 홍보 포인트를 채널의 캐릭터, 콘셉트에 녹여 제작하면서 일부 수익이 발생한다. 가장 대표적인 사례가 〈빵송국〉 채널의 이호창 본부장 캐릭터와 매일유업이 함께한 영상이다. 재벌 3세이자 김갑생할머니김의 본부장인 이호창 캐릭터가 매일유업의 바리스타룰스 커피 브랜드와 전략적 제휴를 기념한 공장 시찰 영상을 만들었다. 해당 영상은 이호창 캐릭터를 그대로 살리면서 커피 브랜드의 강점을 적절히 섞어 높은 반응을 이끌어냈다.

또한 기업과 가장 활발하게 협업하는 분야는 IT 채널이다. 아무래도 가장 빠르게 기술과 기기를 선보이고, 소비자에게 미치는 영향력이 크기 때문에 기업과의 협업이 많은 편이다. 채널 특성에 따라 브랜드와의 협업 기회가 달라질 수 있지만 크리에이터에게 하나의 수익을 창출하는 방안으로 자리를 잡고 있다. 크리에이터를 통한 브랜디드 콘텐츠의 가격 대비 효과가 다른 광고 플랫폼에 비해 효과성이 높다는 인식이 생긴다면 앞으로도 이러한 제작은 더욱 활발해질 전망이다.

세 번째, 강연과 행사 그리고 TV 출연 등이다. 크리에이터는 해당 분야의 전문성과 인기라는 두 마리 토끼를 잡은 경우가 많기 때문에 강연, 행사, TV 출연처럼 유튜브 외 활동 기회가 늘어나고 있다. 북튜버는 다양한 책과 관련된 오프라인 강연에 참여하는 경우가 많다. 또한 스타 크리에이터는 연예인 수준의 인기를 얻는 경우가 많기 때문에, 최근 다양한 TV 출연도 잦아지고 있다. 먹방 크리에이터들은 예능, 경제 크리에이터들은 경제 관련 프로그램에 출연하는 식으로 TV 진출이 자연스러운 현상이 된 지 오래이다. 이처럼 유튜브 채널에서의 인기와 전문성을 무기로 다양한 분야로 활동을 넓혀가면서 크리에이터는 또 다른 수익을 창출하게 되었다.

크리에이터라면 꼭 알아야 할 유튜브 저작권의 세계

저작권이란 무엇인가?

유튜브는 크리에이터가 영상을 기반으로 수익을 창출하는 플랫폼이다. 수익을 창출한다는 것은 크리에이터를 영상의 저작자로 인정한다는 뜻이 된다. 크리에이터 영상에 저작권을 침해한 음악, 영상, 폰트 등이 포함되지 않아야 하는 이유이다. 유튜브를 처음 시작하는 크리에이터가 특히 가장 어려워하는 부분이 저작권이다. 저작권에 대한 지식이 부족할 수 있기 때문에 저작권을 침해한 짤, 음악, 폰트를 사용하는 경우들이 있다. 이렇게 의도하지 않았지만 저작권을 침해하는 경우도 많은 것이 현실이다. 유튜브 저작권에 대해서 명확히 이해하고 영상을 제작해야 한다. 그래야만 채널의 수익성, 운영 안정성을 담보할 수 있기 때문이다.

저작권은 말 그대로 '저작자에게 부여되는 권리'입니다. 좀 더 풀어서 이야기하면 '저작가가 창작한 저작물에 대해서 갖는 권리'를 의미합니다. 또한 '저작물'이란 소설, 시, 음악, 연극, 미술작품, 건축물, 사진, 영상, 도형, 컴퓨터 프로그램과 같이 어떤 아이디어를 독자적으로 표현한 창작물을 말합니다. 이와 같은 저작물을 창작한 저작자는 저작물에 관한 일체의 권리를 가집니다. 유튜브 크리에이터들이 직접 기획하고 제작하는 영상은 '저작자가 창작한 저작물'이고, 일체의 권리를 갖게 되는 것입니다.

저작권은 다른 지적재산권과 달리 등록과 같은 절차를 따로 거치지 않더라도 법적인 보호를 받을 수 있습니다. 또한 베른협약, 세계 저작권협약, 세계지적재산권기구WIPO 저작권조약 등 여러 국제조약에 의해 조약 가입국이라면 국내와 동일한 보호를 받는 특징이 있습니다. 이 때문에 유튜브에 직접 창작한 콘텐츠를 업로드하게 되면 자동으로 법적 보호의 대상이 되는 것입니다.

예능 프로그램 〈스트릿 우먼 파이터〉의 유튜브 패러디 콘텐츠 '스트릿 개그우먼 파이터'의 경우 총 네 개의 영상의 뷰가 약 1,200만 뷰에 달할 정도로 높은 인기를 얻은 영상이었다. 하지만 〈엔조이

커플〉의 개그우먼 임라라가 라디오에서 밝힌 것처럼 해당 영상의 수익은 0원이었다. 저작권이 있는 음악을 사용했기 때문이다. 〈엔조이커플〉은 (수익이 발생하지 않는다는 것을 알았지만), 원곡을 사용해 싱크로율을 높여 영상의 재미를 살리기 위해 수익을 포기하는 결정을 했다고 한다. 하지만 만약 저작권에 대한 이해가 없는 크리에이터가 저작권이 있는 음악 사용으로 수익을 얻을 수 없다고 가정해 보자. 높은 조회 수를 달성한 영상을 제작해도 수익을 전혀 얻지 못해 채널을 유지하지 못하는 상황이 올지도 모를 일이다. 저작권에 대한 이해를 기반으로 유튜브 영상을 기획하고 채널을 운영해야 하는 이유이다.

유튜브 저작권에 대해서 알아야 하는 이유

'영상 제작물'은 통상 영상과 음성, 정지화면과 같은 여러 구성 요소로 이루어진 종합 매체입니다. 크리에이터가 모든 것을 스스로 제작해 영상을 만든다는 것은 굉장히 어렵습니다. 따라서 본인이 영상을 구상하더라도 미술작품, 영상, 사진, 음악 저작자들과 협업해 영상을 제작하는 경우도 있고, 다른 저작자들이 창작한 저작물을 승낙받거나 구입해 제작하는 경우도 있습니다. 승낙이 없더라도 영상을 제작할 수 있는 경우도 있습니다. 유튜브 채널을 운영할 때 저작권을 잘 알아야 협업

시 권리관계를 설정할 수 있으며, 타인의 저작권을 침해해 예상하지 못한 경제적 손실을 입거나 영상이 삭제되는 등 손해를 입지 않을 수 있습니다.

유튜브는 영상을 기반으로 한 플랫폼이다. 그리고 그 영상 제작물은 이미지, 영상, 음악, 자막 등 다양한 요소로 이루어져 있다. 영상 제작물에 포함되는 요소들 중 하나라도 저작권을 침해하게 된다면, 해당 영상은 저작권을 침해한 것이 된다. 이 때문에 초보자들이 영상을 제작할 때 신경 써야 하는 부분이 많다. '카더라'라는 소문처럼 정확하지 않은 정보에 의지하기보다는 저작권에 대한 기본적인 이해에 기반해 콘텐츠를 제작해야 한다.

우선 자막, 음악, 이미지 등 이용이 필요하다면 유료 사이트에서 구매하는 것이 가장 확실한 방법이다. 하지만 초보자의 경우 저작권 문제가 없는 무료 서비스를 이용하는 것이 더욱 효율적이다. 물론 유료 서비스를 이용하면 더 높은 퀄리티 영상을 제작할 수 있지만, 이는 많은 비용이 들기 때문에 점차 사용을 유료로 확대하는 것을 추천한다.

영상 만들기의 기본, 자막 폰트의 저작권

폰트(글자체, 글꼴)는 그 자체로서는 저작물로 인정받기 어렵습니다. 다만 컴퓨터에서 사용되는 글자체는 컴퓨터 프로그램에 해당하고, 서체를 생성하는 과정에 서체 제작자의 개성적 표현 방식과 창의적 선택이 스며든 것으로 보아 서체 파일의 창작성을 인정한 사례가 있습니다. 이러한 서체의 특성을 먼저 이해해야 분쟁도 이해가 가능합니다.

한글, 워드프로세서에 번들로 포함된 폰트를 다른 프로그램에서 사용해 영상이나 이미지를 제작했다가 폰트 제작 업체로부터 고소를 당하거나 손해배상을 요구받는 경우가 있습니다. 번들로 포함된 서체는 제공된 프로그램에서만 사용이 허락되어 있으므로 다른 프로그램을 이용해 서체를 사용하는 경우 저작권 침해가 인정될 가능성이 높습니다. 최근에는 저작권 침해가 아닌 라이선스 계약 위반으로 손해배상을 청구하는 경우도 자주 발생하고 있으므로 한글, 워드프로세서에 번들로 포함된 폰트로는 애초부터 제작하지 않는 것이 좋습니다.

또한 온라인상에서 구할 수 있는 폰트를 설치해 영상을 제작하는 경우가 있는데, 무료로 배포되는 서체라도 비영리적 목적으로만 무료 사용이 허락된 경우가 있습니다. 따라서 폰트를 사용할 때는 해당 폰트의 사용 범위가 어디까지인지 사전에 확인해야 합니다.

유튜브 영상 편집 시 가장 기본 요소 중 하나가 자막 폰트이다.

특히 초보자의 경우 유튜브 편집 프로그램에서 사용이 가능한 폰트이니 저작권에도 문제가 없겠지 하고 생각하기도 한다. 그러나 무료 폰트의 경우도 사용 범위가 다양하고, 워드 프로그램의 폰트도 영상 편집 프로그램에서 사용하는 것에도 한계가 존재한다. 이 때문에 이러한 부분들을 세세히 챙겨야 한다.

유튜브 영상은 자막 폰트도 하나의 포인트가 될 수 있다. 자막 폰트에 따라 세련된 브이로그, B급 포인트를 살린 코믹 애니메이션 등 장르별 특징을 더욱 잘 살리기 때문이다. 최근 배우 박효준이 운영하는 채널 〈버거형〉은 상황에 맞는 다양한 자막 형태로 영상의 재미를 배가시킨다. 출연자의 대사와 감정을 나타내는 자막, 재미를 위한 자막 효과 등을 사용하는 것이다. 〈1등 미디어〉 김재희 PD도 채널을 장기적으로 운영할 계획이 있는 채널이라면 유료 자막 폰트를 사용해 쓰는 것을 추천했다.

단기적으로 사용하는 것이 아니라, 정기적으로 영상을 올려야 하는 크리에이터라면 다양한 자막 폰트를 유료로 구매해 사용하는 것이 효율적이라고 생각합니다. 또한 다양한 자막 폰트를 통해 영상의 재미를 강조할 수도 있기 때문에 아깝지 않은 투자가 될 것입니다.

'밈화'가 된 이미지, 영상을 사용하는 것은 저작권 침해일까?

요즘 유튜브에서 유행하는 요소 중 하나가 '밈', '방송짤', '유머짤' 등을 적절히 활용하는 것으로 알고 있습니다. 사람들이 방송과 드라마의 일부 장면을 활용하는 것이 문제가 없는지 문의하는 경우가 많은데요. 법적으로 말씀드리면 "1~2초만 들어가도 분쟁의 가능성이 있다"라고 말씀드릴 수 있습니다. 그러나 관련 이미지 등을 사용했는데도, '아직' 법적인 문제가 되지 않은 경우도 있을 것입니다. 이는 저작권자가 따로 신고와 문제 제기를 아직 하지 않았기 때문입니다. 저작 재산권의 제한 규정이 있어서 문제 삼지 않는 경우도 있고, 경제적 가치가 크지 않아서 방치하는 경우도 있습니다. 원저작권자가 있는 다양한 이미지를 사용하는 경우 분쟁이 생길 가능성이 존재하는 것입니다. 특히 원래 이미지 그대로 사용하는 경우 더욱 저작권 침해의 소지가 높습니다. 그나마 해당 이미지를 다시 그림으로 그리는 경우, 저작권 침해의 가능성은 낮아진다고 볼 수 있습니다.

밈화가 된 이미지와 영상은 다양한 유튜브 영상에서 사용되는 경우가 많은데요. 한 드라마를 예로 들면 2019년 한꺼번에 해당 드라마 영상물 또는 사진을 사용한 영상들이 다 삭제된 경우가 있습니다. 해당 방송국에서 문제 제기를 한꺼번에 했기 때문입니다. 바로 지금 사용해서 문제가 되지 않는다고 해도 언젠가는 문제가 발생할 수 있기 때문에 관련 이미지를 사용한다면 사전에 저작권자와 협의하는 조치를 해놓는 것이 안전할 것이라고 생각합니다. 또한 밈화가 된 다양한 이미지, 영상들은 저작권자의 의도와 달리 사용되는 경우가 많습니다. 이때 저작자의 '동일성 유지권'을 침해하는 경우가 많기에 무분별하게 밈화가 된 다양한 이미지, 영상을 사용하는 것이 우려되는 측면이 있습니다. 원작의 가치를 훼손하는 경우는 더욱 큰 문제가 될 수 있습니다. 예를 들어, 진지한 역사 드라마의 한 장면을 희화화한다면 문제가 되기에 충분합니다.

재미를 위해 다양한 밈, 방송짤을 사용하는 경우가 많다. 이러한 밈들을 적절히 사용하면 폭발적인 재미 효과를 시청자들에게 전달할 수 있다. 하지만 저작권을 침해하지 않는 밈의 사용이 중요하다. 결국 밈도 원저작권자가 있는 콘텐츠의 한 형태이기 때문이다. 이 때문에 원작 가치를 훼손하지 않는 선에서 사전 협의를 통해 해당 밈을 사용하는 것이 안전하다. 무분별하게 밈을 사용한 영상이 많은 채널은 언제든 큰 문제에 직면할 가능성도 존재한다. 원저작권자의 권리를 보호하는 밈 사용이 필요하다.

유튜브 저작권에 대한 '카더라'의 진실은 무엇인가

"유튜브 영상에 삽입하는 음악은 저작자가 있더라도 3초까지는 사용이 가능하다"라는 '카더라'가 있는 것으로 알고 있습니다. 결론부터 말씀드리면 저작권을 침해는 음악을 사용하는 것은 1~2초만 쓰여도 문제가 됩니다. 음악을 짧게 사용해서 유튜브 AI 알고리즘이 잡아내지 않는다고 하더라도 저작자의 허락 없이 사용하는 것은 저작권법 위반이 되는 것입니다. 따라서 저작권 문제가 해결된 음악이 아닌 경우 저작자가 권리침해 신고를 하면 영상이 비공개 처리가 되며, 법적으로 문제를 겪을 수 있습니다. 이 외에도 법적인 지식 없이 '~은 가능하다더라'는 소문들을 믿기보다는 저작권에 대해 자세히 알아보고 영상을 제작하는 것이 중요합니다. 다른 예시 중 하나가 '유명한 유튜버가 사용했는데도 저작권 침해에 걸리지 않은 사례'입니다. 이는 앞선 밈화가 된 이미지와 영상의 사례처럼 아직 문제가 되지 않은 것뿐입니다.

저작권법상 벌칙 규정은 기본적으로 친고죄입니다. 다만 영리를 목적으로 하거나 상습적으로 침해 행위를 하는 경우에는 '비친고죄'입니다. 친고죄는 피해자의 고소가 있어야 재판할 수 있는 죄를 말합니다. 설령 유튜브 영상에 광고가 달려 영리를 목적으로 하더라도 저작자가 적극적으로 수사기관에 신고하지 않는 이상 처벌까지 이어지는 경우는 매우 드뭅니다. 또한 저작권법상 고소가 있어야 공소를 제기할 수 있습니다. 피해자가 처벌해 달라고 말하지 않으면 형사 재판으로 넘어가지 않습니다. 다만 영리 목적, 상습 침해의 경우 저작권의 고소가 없어도 수사할 수 있습니다.

저작권법 28조란 무엇인가?

최근 영화와 드라마 콘텐츠를 기반으로 한 리뷰 영상들이 제작되고 있다. 단순히 줄거리를 요약하는 영상이 있는가 하면, 해당 영화의 숨겨진 사회적 메시지를 깊이 있게 파헤치는 영상도 있다. 이러한 영화 리뷰 콘텐츠는 기존 콘텐츠를 활용하고 편집하는 경우이기 때문에 저작권 침해의 가능성이 존재한다.

영화와 같은 콘텐츠는 공표된 저작물로 볼 수 있습니다. 공표된 저작물의 경우 보도, 비평, 교육, 연구의 목적으로 정당한 범위 안에서 공정한 관행에 합치되게 이를 인용할 수 있는데요. (저작권법 28조) 기존 콘텐츠를 활용할 때 보조적인 역할에 그친다면 저작권 침해에 해당하지 않지만, 기존 콘텐츠가 주를 이룬다면 저작권 침해에 해당할 수 있습니다. 또 중요한 기준 중 하나는 '비평을 목적으로 하느냐'의 여부입니다. 단순히 영화 줄거리를 보여주고, 해당 영상을 사용하는 경우는 '비평'을 목적으로 한 경우로 볼 수 없고, 이는 저작권 침해의 가능성이 높다고 생각할 수 있습니다. 반대로 영화 〈기생충〉에서 비유적으로 표현한 사회 비판적 요소, 캐릭터의 분석 등 '비평'을 위한 목적으로 영화 장면을 일부 사용하는 경우는 '저작권법 28조'에 따라 저작권 침해에 해당하지 않을 가능성이 있습니다.

다만 영리적 목적의 경우는 보도, 비평, 교육, 연구의 허용 범위가 상당히 좁아집니다. 이 때문에 가장 확실한 방법은 저작권자와의 사전 협의와 허락을 받아 영화 일부 장면을 사용하는 것입니다. 저작권자가 있는 모든 콘텐츠는 기본적으로 허락을 받아 활용하는 것이 중요하다고 생각합니다.

'공동 저작물'의 수익은 어떻게 배분되어야 할까?

공동 저작물은 두 명 이상이 공동으로 창작한 저작물로, 각자의 기여 부분을 분리해 이용할 수 없는 것을 말합니다(저작권법 제2조 제21호). 두 명 이상이 공동으로 창작한 저작물 중 노래의 가사와 멜로디는 개별적으로 이용할 수 있는데, 이런 저작물은 '결합저작물'이라고 합니다. 유튜브 영상물은 여러 사람이 역할을 맡아 기획, 대본 작성, 촬영, 편집을 하는데, 창작 활동에 참여한 사람들이 영상물의 공동저작자가 될 것입니다. 공동 저작물의 저작권(저작인격권 및 저작재산권) 행사는 저작권자 전원의 합의에 의해 행사해야 합니다(제15조 제1항, 제48조 제1항).

공동 저작물의 이용에 따른 이익은 특약이 없는 경우 기여한 정도에 따라 각자에게 배분되는데, 기여도가 명확하지 않은 때에는 균등한 것으로 추정합니다(제49조 제2항). 저작재산권 침해에 따른 손해배상을 청구할 때는 합의하지 않더라도 자신의 기여 부분에 대해 청구가 가능합니다(제125조, 제129조). 따라서 유튜브에 두 명 이상이 공동으로 영상을 제작해 업로드했다면 수익 배분 역시 기여도에 따라 이루어지는 것이 맞습니다. 공동 저작물의 경우 공동저작자 사이에 기여도를 두고 분쟁이 발생할 소지가 있으므로 공동 저작 활동을 하기 전에 기여도에 대해 사전 합의를 하는 것이 좋습니다.

유명 캐릭터를 영상에 출연시키기 위해서는 허락을 받아야 할까?

유명 캐릭터는 저작권법상 미술저작물에 해당합니다. 저작권법에 따라 보호받는 저작물에 해당할 가능성이 있습니다. 따라서 저작물의 통상적인 이용 방법과 충돌하지 아니하고 저작자의 이익을 부당하게 해치지 아니하는 경우(공정이용)에는 저작물을 이용할 수 있습니다(제35조의5). 따라서 이용의 목적과 성격, 이용된 저작물의 종류와 용도, 이용된 부분이 저작물 전체에서 차지하는 비중과 그 중요성, 이용된 저작물의 시장이나 가치에 미치는 영향에 따라 공정한 이용이 성립할 수도 있고 성립하지 않을 수도 있을 것입니다. 따라서 원칙적으로 허락을 받고 출연시키는 것이 타당하지만, 만약 허락을 받을 수 없다면 공정이용이 성립할 가능성을 고려해 출연시킬 수도 있습니다.

유튜브 영상에는 사람만이 출연자로 등장하는 것이 아니다. 다양한 유명 캐릭터가 등장하는 영상 콘텐츠는 이미 많은 사랑을 받고 있다. 이러한 흐름에 힘입어 캐릭터를 주인공으로 한 라이브 방송 포맷의 광고 콘텐츠, 캐릭터들의 댄스 영상이 제작되어 큰 광고 효과를 본 적이 있다. 하지만 효과가 있다고 해서 유명 캐릭터를 무단으로 사용하는 것은 미술저작물을 침해할 수 있다. 특히 개인 유튜브 크리에이터라면 큰 고민 없이 유명 캐릭터를 활용할 수 있다. 이 경우에도 원저작권자의 허락과 같은 사전 조치를 충분히 해야 한다.

유튜브 크리에이터로 살아남는다는 것

모두가 인플루언서가 될 수는 없다

우리는 유튜브를 통해 '누구나 인플루언서가 될 수 있는 세상'에서 살고 있다. 과거에는 영향력 있는 인플루언서가 되기 위해서는 무조건 방송국, 잡지 등을 거쳐야 했다. 예를 들어 자신만의 개그를 대중에게 펼치기 위해서는 방송국의 공채 개그맨이 되어야 했다. 이러한 공식 루트가 아닌 경우에는 얼굴과 끼를 알릴 방법이 제한적이었다. 이제는 공채 개그맨이 아니어도 개그 콘텐츠를 스스로 기획하고 제작할 수 있다. 그리고 기획력과 끼만 충분하다면 누구나 사랑받을 길이 열려 있다. 평범했던 주부, 우리네 할머니가 유명한 셀럽이 되는 것은 유튜브 세상이 오기 전에는 감히 꿈꿀 수 없었다.

과거에도 분명 1인 미디어는 존재했다. 어릴 적 내 주변에도 끼를 감추지 못해 UCC처럼 자신만의 콘텐츠를 제작한 친구들이 있었다. 그러나 그 친구들은 많은 끼를 가졌음에도 영향력 있는 인플루언서가 될 수 없었다. 네트워크의 발달도 제한적이었고 스마트폰도 없었고, 그렇기에 지금처럼 콘텐츠를 올릴 수 있는 동영상 플랫폼도 전무했다. 그러나 누구나 콘텐츠를 올리는 시대가 오긴 했지만, 결국 모두가 인플루언서가 되는 것에는 한계가 있다. 유튜브 플랫폼 안에서도 구독자 10만, 100만 이상을 넘기는 채널의 수는 제한적이다. 그리고 높은 조회 수를 기록했던 채널도 그 추세를 지속적으로 유지하기도 힘든 상황이 되었다. 유튜브 플랫폼이 대세가 되면서 수많은 경쟁자가 유입되었기 때문이다. 어떤 경쟁자들이 유튜브 세상에 뛰어들었길래 치열하다고 말하는 것일까?

총성 없는 전쟁터! 유튜브 세상의 경쟁은 왜 이렇게 치열한가

네트워크, 스마트폰, 동영상 플랫폼 등 환경적인 발전을 통해 우리는 언제 어디서나 마음껏 영상 콘텐츠를 즐기는 시대에 산다. 이를 발판으로 유튜브는 가장 대표적인 영상 콘텐츠 플랫폼으로 떠올랐고 이용자가 몰리는 곳에 인재들이 자연스럽게 모이게 되었다. 유튜브 초창기 일부 크리에이터들이 인플루언서로 떠오르면서, '직업으로서의 크리에이터'가 가능하다는 것을 우리 모두 깨닫게 되었다. 이후 방송국, 기존 연예인, 전문가 집단, 기업 등이 본격적으로 유입되면서 콘텐츠 전쟁의 서막이 올랐다.

첫째, 방송국의 본격적인 진출이다. 방송국의 유튜브 채널은 크게 두 가지로 나눌 수 있다. 기존의 인기 TV 콘텐츠를 유튜브에 맞게 편집하는 방식과 오리지널 콘텐츠를 제작하는 방식이다. 먼저 기존 방송 콘텐츠를 유튜브용으로 편집해 제공하는 경우이다. 방송국의 예능, 드라마 콘텐츠는 능력 있는 인재가 모여서 만든 고퀄리티 콘텐츠이다. 이러한 수준 높은 콘텐츠를 유튜브에 맞게 편집했을 때 사람들은 이에 열광할 수밖에 없다. 우리나라 예능계의 전설인 〈무한도전〉은 〈오분순삭〉과 같은 채널들에서 다양한 형태로 편집되어 제공된다. 〈놀면 뭐하니?〉, 〈런닝맨〉, 〈라디오스타〉와 같은 인기 예능 콘텐츠는 물론이고 〈엠카운트다운〉처럼 음악 프로그램도 매주 방송되기 전후 다양한 콘텐츠를 업로드하고 있다.

다음은 웹 예능처럼 유튜브 오리지널 콘텐츠의 제작이다. CJ E&M 〈스튜디오 와플〉에서 제작하는 '튀르키예즈 온 더 블록', '바퀴 달린 입', MBC에서 운영하는 〈M드로메다 스튜디오〉, 그리고 JTBC에서 운영하는 〈스튜디오 룰루랄라 디랩〉과 〈워크맨〉, 〈와썹맨〉 등이 그것이다. 아무래도 콘텐츠를 전문적으로 만들어온 방송국들이 제작한 유튜브 오리지널 콘텐츠들은 초창기 적응 기간이 필요하긴 했지만, 결국 수많은 시청자의 사랑을 받게 되었다. 양질의 인력과 개인 채널 대비 넉넉한 제작비로 잘 만들어진 콘텐츠는 당연히 높은 영향력을 끼치게 되었다.

그 중간의 모습을 띤 채널도 있다. 〈채널 십오야〉는 '삼시세끼-아일랜드 간 세끼' 프로그램에서 새로운 시도를 한 적이 있다. 유튜브에서 풀 버전 영상을 공개하고 오히려 방송에서는 편집본을 내보내는 식이다. 이처럼 방송과 유튜브를 넘나드는 방송국의 하이브리드 유튜브 오리지널 콘텐츠는 다양한 방식으로 발전하고 있다.

둘째, 개그맨과 가수, 모델, 운동선수, 배우 등 기존에 이미 얼굴이 알려진 셀럽들의 참여이다. 가수 김종국의 유튜브 채널 〈김종국 GYM JONG KOOK〉은 260만 이상의 구독자를 보유하고 있다. 김종국이라는 연예인의 호감도와 명성, 운동을 좋아하는 캐릭터 요소가 만나 엄청난 인기를 끌게 되었다. 가수 강민경이 운영하는 채널 〈걍밍경〉은 다비치 멤버 이해리의 결혼 관련 콘텐츠가 큰 인기를 끌었다. 평소 많은 사랑을 받는 연예인들의 일상을 들여다볼 수 있는 콘텐츠는 그 자체로도 매력적이다. 개인 크리에이터 입장에서 봤을 때 셀럽의 유튜브 채널은 정말 좋은 경쟁력을 갖춘 것이다. 연예인으로서의 끼와 능력, 명성 등 수많은 장점을 지닌 채널들과의 경쟁에서 이길 수 있는 나만의 콘텐츠를 기획해야 한다.

셋째, 전문가 집단의 가세이다. 의사, 변호사 등 전문가들은 일반인에게는 없는 전문 지식이 강점이다. 채널 〈의사 혜연〉은 목주름 없애는 법, 초스피드 피부관리 등 피부 관련 전문 지식뿐만 아니라 일반적인 의학 지식까지 전달하고 있다. 변호사가 운영하는 〈로이어프렌즈-변호사 친구들〉은 '좋은 변호사 만나는 법은?', '불만 후기 쓰면 명예훼손 될까?' 등 법과 관련된 지식을 제공하고 있다. 이처럼 전문가들의 유튜브 채널은 일반 크리에이터들이 접근할 수 없는 특별한 경쟁력을 갖추었다.

넷째, 기업들의 유튜브 본격 진출이다. 원래 기업 유튜브 채널은 '광고 아카이빙' 성격이 짙었다. 그러나 2019년부터 기업들도 본격적인 오리지널 콘텐츠를 제작하고 크리에이터들과 협업한 브랜디드 콘텐츠를 제작하고 있다. 국내 최초 기업 유튜브 채널 구독자 100만을 돌파한 〈SK telecom〉은 디지털 캠페인, 협업을 통한 브랜디드 콘텐츠, 사내 직원 출연 콘텐츠 등 다양한 오리지널 콘텐츠를 제작한다. 그 외에도 〈미래에셋 스마트머니〉 같은 금융권 기업들은 사내에 방송 제작 시스템을 완비해 매일 생방송을 진행하며 기존 금융 방송처럼 콘텐츠를 적극적으로 제작해 구독자들과 만나고 있다.

방송국, 셀럽, 전문가, 기업 등 유튜브 세상에는 수많은 인재들이 몰려들고 있다. 이에 더해 이미 큰 사랑을 받고 있는 1세대 빅 크리에이터들까지. 지금 유튜브를 시작하려는 개인 크리에이터들은 이러한 치열한 경쟁을 이겨내야 하는 상황에 처해 있는 것이다. 하지만 최근에 시작한 채널들이 모두 실패하는 것은 아니다. 치열해진 경쟁 속에서도 자신만의 콘텐츠를 제작하는 크리에이터들은 분명히 살아남아 많은 사랑을 받고 있다. 유튜브는 타깃이 세분화된 세상이다. 누군가는 전혀 관심이 없을 수도 있는 낚시, 캠핑 등 콘텐츠도 관심 있는 타깃에게 어필할 수 있다면 충분히 높은 구독자와 조회 수를 기록할 수 있다. 일상을 보여주는 콘텐츠가 포화에 이르고 있다고는 하지만 자신만의 캐릭터를 지닌 채널들이 충분히 사랑을 받는 사례들도 있다.

유튜브 크리에이터로 살아남기 위한 방법

치열한 유튜브 경쟁 환경에서 살아남기 위해서는 무턱대고 열심히 하는 것이 아닌 전략적인 도전이 필요하다. 구체적으로 어떤 점들을 준비해야 할까?

첫째, 내가 가장 좋아하고 잘할 수 있는 분야 정하기. IT 크리에이터 주연은 학창 시절부터 기자 시절까지 다양한 도전을 통해 성공과 실패를 경험했다. 이때 경험들은 '가장 좋아하고 잘 할 수 있는 분야'를 알게 해주는 계기가 되었다. 많은 사람이 모인 자리에서 발표를 진행하며 자신의 생각을 기반으로 소통하는 '크리에이터'의 삶이 자신의 길임을 깨달은 것이다. 또한 언론사 기자로 일을 하며 콘텐츠 전반을 경험하고, IT에 대한 전문 지식을 찾았다. 유튜브 크리에이터를 꿈꾼다면 이러한 과정을 통해 나만의 분야를 선정해야 한다. 크리에이터는 세상 모든 분야에 도전해 볼 수 있다. 요리와 프라모델 등 나만의 취미가 채널의 주요 소재가 될 수도 있다. 내가 좋아하고 잘할 수 있다면 말이다.

단순히 좋아하고 잘할 수 있는 분야라고 해서 성공적인 유튜브 크리에이터가 될 수는 없다. 여기서 '일주일에 두세 편'을 지속적으로 올릴 수 있는지가 중요한 요소이다. 내가 여행을 좋아하고 관련 정보를 많이 안다고 해도, 시간 제약이 많은 직장인이라면 여행 콘텐츠를 지속적으로 제작하는 데 한계가 있을 것이다. 쉬지 않고 만들어나갈 수 있는 소재, 포맷이 중요한 이유이다. 여행에 대한 지식이 많은 직장인 크리에이터라면 직접 여행을 떠나는 콘텐츠는 한 달에 2회 제작하고 나머지는 여행에 대한 다양한 지식에 기반한 콘텐츠를 제작할 수도 있다. 세계 여행 꿀팁, 항공권 가장 저렴하게 사는 법, 바르셀로나에서 가성비 높은 숙소를 구하는 법 등 현실적인 팁을 전달하는 것이다. 이처럼 유튜브 채널을 본격적으로 시작하기 전 다양한 요소를 고민하고 주요 소재, 포맷 등을 정해야 할 것이다.

둘째, 가장 효율적인 제작 시스템 구축하기. 정기적으로 영상을 제작하기 위해서는 채널만의 '가장 효율적인 제작 시스템'을 구축하는 것이 중요하다. 여기서 말하는 가장 효율적인 제작 시스템은 영상 한 편을 만드는 데 기획부터 업로드까지 전 과정을 가장 적은 시간으로 완료하는 것을 의미한다. 크리에이터들이 '피로감'을 호소하는 경우가 많다. 정기적으로 영상을 기획, 촬영, 편집, 업로드하는 것은 생각보다 상당히 어려운 과정이다. 휴가 기간이 따로 정해져 있지 않고, 계속 쉬지 않고 영상을 제작해야 한다. 그렇기 때문에 영상을 제작하면서 노하우를 찾아야 한다.

크리에이터 주연은 명확한 기획, 대략적인 대본을 기반으로 실제 촬영에서 세세한 부분을 채워나가는 방식을 취한다. 만약 모든 대사를 세세하게 구성한다면 영상 한 편을 만드는 데 일주일을 꼬박 사용해야 할지도 모를 일이다. IT에 대한 지식이 상당한 주연의 경우 명확한 기획이 정해진다면 실제 촬영에서 충분히 해야 할 말들을 영상에 담을 수 있기 때문에 이러한 방식이 효율적이다.

농구 유튜버 〈슬램덕후〉도 대본 작업은 거의 하지 않고 큰 틀의 기획에서 '리얼'한 촬영을 진행한다. 실제 콘텐츠의 콘셉트가 '리얼리티'이기 때문에, 다양한 상황에서 나오는 의외의 상황들이 오히려 콘텐츠의 재미를 배가한다. 이처럼 채널의 기획 방향, 소재에 맞춰 빠르고 효율적으로 촬영하는 방식을 찾아야 한다. 그래야만 길고 긴 유튜브의 항해에서 지치지 않고 계속 앞으로 나아갈 수 있을 것이다.

셋째, 나만의 확고한 캐릭터 찾기. 유튜브 크리에이터에게 '인상적인 캐릭터'는 생존을 위해 필수적인 요소이다. 〈Arirang〉 채널의 남기형 배우는 '고양이에게 당하는 집사' 캐릭터를 명확히 잡아 구독자에게 캐릭터를 각인시켰다. 만약 고양이와 주인의 관계, 주인의 캐릭터가 명확하게 설정되어 있지 않다면 해당 채널이 다른 고양이 채널 대비 갖고 있는 차별점이 부족했을 것이다. 또 캐릭터는 장기적인 콘텐츠 기획에도 유리하게 작용한다. 이 캐릭터를 기반으로 고양이 목욕시키기, 뽀뽀하기 등 여러 상황을 시리즈로 기획할 수 있는 것이다. 일관된 캐릭터에 기반한 콘텐츠 기획이 쌓이면 장기적으로는 채널의 확고한 정체성이 생길 것이다. 이렇게 명확한 캐릭터, 이에 기반한 기획, 채널의 확고한 정체성 등 선순환의 고리가 생기면 점차 구독자가 늘어나는 상황을 맞이할 것이다. 반대로 이 연결 고리가 부실하게 된다면 오랜 시간 채널을 운영해도 상대적으로 더딘 발전의 상황을 맞게 될 수 있다.

넷째, 구독자 타깃에 맞는 콘텐츠 기획하기. 유튜브 채널의 가장 강력한 지지자는 구독자이다. 유튜브 크리에이터는 구독자의 사랑을 먹고 자라는 존재이다. 사랑하는 애인을 만날 때 우리는 애인의 좋아하는 것에 맞춰 행동하게 된다. 그래야만 상대방이 높은 만족을 얻을 수 있고, 이것이 행복한 연애를 만들어내기 때문이다. 유튜브 크리에이터와 구독자의 관계도 마찬가지이다. 구독자의 95퍼센트 이상이 해외에 거주하는 외국인인 채널이 한국 사람들이 특히 좋아하는 콘텐츠에만 몰두한다면 구독자들이 떠나갈 가능성이 높다. 반대로 외국인들의 관심이 많은 BTS 관련 콘텐츠를 만든다면, 더 많은 구독자가 몰려들 수 있다. 영문 뉴스 채널 〈KOREA NOW〉의 사례처럼 명확한 타깃이 존재하는 채널은 그에 맞는 전략이 필요하다.

내 채널의 구독자가 무엇을 원하는지 알 수 없는 경우도 많을 것이다. 그럴 때는 구독자들에게 직접 질문을 하고 답을 듣는 다양한 소통이 필요하다. 유튜브에는 커뮤니티 같은 소통의 기능들이 있다. 이를 통해 직접 질문을 던져 구독자들이 원하는 콘텐츠 소재를 찾고, 편집 방식에 대한 니즈를 파악할 수도 있다. 이렇게 구독자와 직접 소통하려는 노력이 모였을 때 사랑을 받는 채널로 성장해 나갈 수 있다.

다섯째, 항상 신선함을 불러일으키기 위해 노력하기. 연애를 오래 하다 보면 매너리즘에 빠져 권태기가 찾아올 수 있다. 권태기가 찾아오는 것은 '하던 대로' 연애를 하기 때문이다. 반대로 항상 신선함을 찾아 안 해 봤던 활동에 도전하고, 안 가봤던 여행지를 찾는 노력을 한다면 권태기가 찾아올 가능성이 낮아질 수 있다. 유튜브 채널도 마찬가지이다. 아무리 신선했던 채널이라 할지라도 항상 똑같은 소재와 포맷만을 지속한다면 결국 매너리즘에 빠질 수 있다.

채널의 신선함을 불러일으킨다고 해서 갑자기 무리한 변화를 추진할 필요는 없다. 항상 면대면 라이브 소통 콘텐츠를 메인으로 하던 크리에이터가 갑자기 메인 콘텐츠를 콩트로 바꾼다면 구독자들은 어리둥절할 수 있다. 이 때문에 성공적으로 채널이 운영되고 있다면 기존 영상의 포맷은 유지한 채 부분의 변화를 줄 수 있다. 〈Arirang〉의 사례처럼 고양이와 함께하는 일상이라는 콘셉트는 유지한 채 신규 캐릭터 추가, 새로운 편집 포맷의 시도 등을 지속적으로 하면서 신선함을 줄 수 있다.

때로는 메인 콘텐츠는 유지한 채 새로운 추가 포맷을 시도할 수도 있다. 크리에이터 주연은 IT 콘텐츠 외에 먹방, 브이로그, 랜선 회의 등 다양한 포맷을 시도한다. 이처럼 새로운 포맷을 추가로 진행하는 것도 신선함에 도움이 된다. 또한 새로운 게스트의 출연이 신선함을 주기도 한다. 〈1등 미디어〉 채널은 아나운서가 출연했을 때, 한글날 특집 몰카 콘텐츠를 기획했다. 〈슬램덕후〉 채널은 하승진 전 선수가 출연했을 때 NBA 비하인드 썰 콘텐츠를 제작하기도 했다. 성공적인 연애를 위해 끊임없이 노력하는 연인처럼 새로운 출연자, 편집 방식 변경, 다양한 포맷의 시도, 게스트에 맞는 기획 등 유튜브 크리에이터는 항상 고민하고 노력해야 한다.

유튜브에서는 날이 갈수록 더 높은 수준의 다양한 콘텐츠가 제공된다. 시청자에게는 행복한 고민일 수 있지만, 크리에이터는 고민이 더 깊어질 수밖에 없다. 이 때문에 살아남기 위한 전략이 필요한 것이다. 아무 생각 없는 도전이 아닌, 철저한 전략과 고민에 기반한 도전이 필요한 시점이다. 이 책에서 소개했던 기획과 채널 운영, 편집 등 다양한 요소를 채널에 실제 적용해 본다면 분명히 좋은 성과를 얻을 것이라 생각한다. 이 글을 읽는 당신이 구독자에게 사랑받는 크리에이터로 성장하길 기원한다.

끌리는
유튜브
성공법칙

초판 1쇄 인쇄 · 2022년 11월 04일
초판 1쇄 발행 · 2022년 11월 14일

지은이 · 선우의성

펴낸이 · 김승헌

외주 디자인 · 유어텍스트

펴낸곳 · 도서출판 작은우주 | 주소 · 서울특별시 마포구 양화로 73, 6층 MS-8호
출판등록일 · 2014년 7월 15일(제2019-000049호)
전화 · 070-7377-3823| 팩스 · 0303-3445-0808| 이메일 · book-agit@naver.com

정가 17,800원 | ISBN 979-11-87310-69-3 03320

| 북아지트는 작은우주의 성인단행본 브랜드입니다. |